16	3	2	13
5	10	11	8
9	6	7	12
4	15	14	1

Arley Pereira

INEZITA BARROSO
A HISTÓRIA DE UMA BRASILEIRA

editora■34

EDITORA 34

Editora 34 Ltda.
Rua Hungria, 592 Jardim Europa CEP 01455-000
São Paulo - SP Brasil Tel/Fax (11) 3811-6777 www.editora34.com.br

Copyright © Editora 34 Ltda., 2013
Inezita Barroso: a história de uma brasileira © Arley Pereira, 2007

A FOTOCÓPIA DE QUALQUER FOLHA DESTE LIVRO É ILEGAL E CONFIGURA UMA
APROPRIAÇÃO INDEVIDA DOS DIREITOS INTELECTUAIS E PATRIMONIAIS DO AUTOR.

Edição conforme o Acordo Ortográfico da Língua Portuguesa.

Créditos das imagens:
*Arquivo Inezita Barroso, pp. 8, 13, 14, 19, 21, 23, 25, 26, 29a, 29b, 31, 33, 33a, 33b,
34, 39a, 39b, 41a, 41b, 43, 44, 47a, 47b, 49, 51a, 51b, 53, 55, 56, 59, 61, 63a, 63b,
65, 67a, 67b, 68, 70, 73a, 73b, 77a, 77b, 80, 81, 82, 87a, 89, 93b, 97a, 97b, 99, 101a,
101b, 103a, 103b, 105, 110a, 110b, 113, 116, 119a, 119b, 121, 125a, 125b, 127,
128, 135, 139, 140, 143, 145, 148, 151a, 151b, 153a, 153b, 157 (Derly Marques),
158, 163 (José Pinto), 164, capa; CEDOC/TV Cultura, pp. 131a, 131b
(Jair Bertolucci), 137, 155, 4ª capa (Jair Bertolucci); Cinemateca Brasileira, pp. 84,
87b, 88a, 91a, 91b, 93a, 94; Reprodução, pp. 75, 78, 79, 88b, 106, 107*

Capa, projeto gráfico e editoração eletrônica:
Bracher & Malta Produção Gráfica

Digitalização e tratamento das imagens:
Cynthia Cruttenden

Pesquisa e redação complementar:
André Albert, Sérgio Molina

Revisão:
Roberto Homem de Mello, Sérgio Molina, Nina Schipper

1ª Edição - 2013

Catalogação na Fonte do Departamento Nacional do Livro
(Fundação Biblioteca Nacional, RJ, Brasil)

Pereira, Arley, 1935-2007
P386i　　Inezita Barroso: a história de uma brasileira /
Arley Pereira. — São Paulo: Editora 34, 2013
(1ª Edição).
208 p.

Inclui discografia.

ISBN 978-85-7326-539-2

1. Música popular - Brasil - História e crítica.
2. Música caipira - Brasil - História e crítica.
I. Título. II. Série.

CDD - 780.42

INEZITA BARROSO
A história de uma brasileira

1. Nasce um sorriso 9
2. Com a corda toda 15
3. Primeiras notas 27
4. A normalista que gostava de música 35
5. Namoro, noivado, casamento 45
6. Inezita e a noite 57
7. Encantando multidões 71
8. Artista de cinema 85
9. Vida de viajante 95
10. Caipira de fato 117
11. Êta, programa que eu gosto! 129
12. Preservando tradições 141
13. Merecidas homenagens, eternas amizades 149
14. Discos, quase uma centena 159

Discografia 165
Índice onomástico 201
Nota da editora 206
Sobre o autor 207

O autor agradece a

Zuza Homem de Mello,
o primeiro a acreditar neste trabalho

Valéria Brandão,
minha mulher, pelas correções e sugestões

Janaína Abreu e Eliane Dantas dos Anjos,
pelas pesquisas e preciosas informações

Arley Pereira

"A música caipira é uma coisa que mora dentro das pessoas.
Não é um modismo, é uma paixão pela raça, pela terra."

Inezita Barroso
(*Folha de S. Paulo*, "Ilustrada", 6/3/2005)

Inezita Barroso em 1950, em teste de fotografia para o filme *Angela*, da Vera Cruz.

1.
NASCE UM SORRISO

São Paulo, dezembro de 1953. A cidade se prepara para festejar o IV Centenário de sua fundação. Abrindo o ano comemorativo, avulta a II Bienal de Arte, presidida pelo mecenas Francisco Matarazzo Sobrinho, o Ciccillo. A mostra, que a partir daquela edição se tornaria uma referência mundial nas artes plásticas, ocupava pela primeira vez dois imponentes pavilhões no nascente Parque do Ibirapuera, projetados pelo arquiteto Oscar Niemeyer.

Na cerimônia de inauguração, militares da Guarda Civil, perfilados em uniforme de gala, formavam um corredor por onde passavam as autoridades e os convidados, todos em traje a rigor. Os membros da guarda de honra estavam impecáveis luzindo o espadim, as polainas e luvas brancas, os alamares e botões dourados do fardamento. Empertigados e imponentes, guardavam rígida posição de sentido na rampa de acesso ao pavilhão, cientes da importância histórica do momento.

A chegada do vice-prefeito, general Porfírio da Paz, causou alvoroço entre os que assistiam à passagem das personalidades. Menos pela própria figura do político e militar, mais por sua encantadora companhia. O general vinha ladeado por uma linda morena, sorridente e cativante em seu vestido de gala.

Uma espécie de fila avança lentamente rumo ao interior do prédio, detendo-se a trechos para os repórteres poderem fotografar e entrevistar os convidados ilustres. Numa dessas pausas, a moça ouve um murmúrio vindo de um dos guardas de honra, um gigante negro, que sopra pelo canto da boca:

"Oi, Inezita. Inezita, sou eu."

Com os olhos, a jovem procura o autor do chamado e torna a ouvir o sussurro:

"Inezita, sou eu, o Ditão da Barra Funda. O Ditão do Chiqueirão, seu ponta-direita, alembra?" (O "Chiqueirão" era um cortiço enorme na alameda Olga, onde o guarda morava.)

O rosto da bela morena se iluminou ainda mais. Com a cabeça, ela cumprimentou o orgulhoso soldado, que olhou discretamente para os lados, tentando ver se os companheiros haviam testemunhado a homenagem.

Naquele momento, ela não viu o uniforme que cobria o rapaz. Em seus olhos e sua memória, ele, menino, corria descalço, peito nu, no campinho de futebol da rua Dona Elisa. Ele gritava acenando com as mãos: "Cruza, Inezita! Cruza que eu marco!". O cruzamento veio certeiro, e Ditão, depois de fazer o gol, foi comemorar com a ponta-esquerda, capitã e única menina do time.

O sorriso que cumprimentou o ex-ponta-direita era famoso nas ruas da Barra Funda. Foi lá, na rua Lopes de Oliveira, que sua dona nasceu, quase trinta anos antes desse reencontro. Agora a moleca boleira já tinha virado uma artista consagrada; seu sorriso frequentava jornais, revistas, telas de cinema e televisão. Mas seu frescor e a luminosa alegria que desde sempre irradiara continuavam intactos.

A história desse sorriso à prova de fama remonta ao século XIX, a Belém do Pará — ou melhor, Santa Maria de Belém do Grão-Pará, como Inezita faz questão de ressaltar —, onde vivia seu avô materno, o professor de grego e latim Olyntho de Lima. Cidadão exemplar, respeitadíssimo na capital paraense por sua cultura, o jovem professor Olyntho encantou-se com uma linda moça de família, também professora, chamada Maria Magdalena Ayres.

Casou-se com ela após um namoro "à moda antiga", sempre depois da chuva que todas as tardes aguava os cajueiros. O casal viria a ter três filhos: Olyntho — conforme o antigo costume de repetir no primogênito o nome paterno —, Humberto e Zaida Ayres de Lima, os dois últimos nascidos já em São Paulo, quando o pai então lecionava na famosa Faculdade de Direito do Largo de São Francisco.

Maria Magdalena, de apelido "Zica", era célebre na cidade pela beleza tanto de seu rosto como de sua voz. O marido gostava muito de ouvi-la tocar piano e cantar — Zica era contralto perfeito. Até que em certa ocasião, convidada a cantar em uma festa beneficente, tratou de embelezar-se e comprou um vestido fino para a apresentação. Na hora de sair de casa, Olyntho teve uma crise de ciúme e deu para trás: "Você não vai", impôs. "Está bonita demais. Não vai cantar em lugar nenhum." Zica, como todas as mulheres da família, tinha gênio forte e resistiu o quanto pôde ao capricho do marido.

Quando por fim cedeu, decretou: "Certo. Eu não vou, mas você jamais me ouvirá cantar novamente". Trancou o piano, jogou a chave no mar e cumpriu sua promessa: enquanto o marido viveu, nunca mais entoou uma canção.

Olyntho pai teve uma morte prematura, muito antes de completar seus quarenta anos. Sozinha em São Paulo, precisando de apoio, a jovem viúva e mãe de três filhos ainda pequenos resolveu juntar-se às duas irmãs, Raquel e Clotilde, que viviam em Santos. Como elas também eram professoras, uniram forças, economias e coragem e resolveram abrir uma escola primária em Ubatuba. Zica mandou chamar outros parentes de Belém, e juntos viveram alguns anos felizes na cidade praiana. Quando os filhos atingiram a idade de cursar o antigo ginasial, porém, ela foi obrigada a voltar para Santos.

Naquele mesmo final de século em que Zica ainda encantava os belenenses com sua voz, milhares de quilômetros ao sul, o fazendeiro paulista Philadelpho de Campos Aranha se casava com outra Maria Magdalena, esta de sobrenome Almeida. O casal teve uma vasta prole, dezoito filhos, na qual se destacava a formosura de Ignez Almeida Aranha, futura mãe de Inezita, mantendo viva a chama de beleza que havia gerações encantava a todos.

Philadelpho vinha de uma família em cuja genealogia se mesclam nomes como o de João Ramalho e o da índia Bartira, do bandeirante Henrique da Cunha Gago e do cacique Piquerobi. Como cumpria a um patriarca que se preze, era um homem muito austero e tratou de transmitir esse traço aos filhos. Seu sobrenome de batismo era Souza Aranha, até ele brigar com um primo por questões de terras. Então avisou que não era mais Souza, e sim Campos. O resultado dessa briga entre primos foi que a família se dividiu para sempre entre os Souza Aranha e os Campos Aranha.

Philadelpho gostava muito de ópera. Inezita se lembra do avô dando corda ao gramofone e ouvindo com deleite Enrico Caruso, seu cantor favorito, quando ela andava pelos quatro anos. A esposa do patriarca,

Dona Maria Magdalena de Almeida Aranha, dedicava-se apenas à vida em sociedade, tomando seus chás com as amigas e tendo filhos e mais filhos. "Era uma rotina com a qual a família estava acostumada", conta Inezita:

> "Vovó, muito bonachona, tinha um parto atrás de outro. Depois do nascimento do bebê, recolhia-se para o resguardo e ficava deitada um mês, toda a filharada prestando-lhe serviços. Terminado o resguardo, passava uma temporada em uma estação de águas ou em uma das muitas fazendas dos parentes e voltava para casa para engravidar novamente. Uma vida mansa, muito mansa."

A paraense Dona Zica e seus três filhos, por seu turno, depois de viverem por mais algum tempo em Santos, acabaram se estabelecendo na mesma São Paulo que atraíra o professor Olyntho. Zaida, a caçula, queria estudar piano e logo foi matriculada no famoso Conservatório Dramático e Musical, na avenida São João, onde se tornou aluna dileta do grande escritor modernista Mário de Andrade.

Mais tarde tia Zaida iria contagiar à sobrinha seu encantamento pelo mestre, como nos conta Inezita:

> "Eu devia ter uns nove anos, a minha tia contava aquelas maravilhas do Mário; dizia 'esse homem é um gênio'. Eu ficava maravilhada. Como ele é? Tinha uma curiosidade... A tia dizia que ele chegava em casa às cinco e meia, mais ou menos. Aí, às cinco horas eu e minha prima nos arrumávamos e íamos patinar na calçada da Lopes Chaves, a duas quadras da minha casa, até ele chegar. Mas ele nunca nem olhou para nós. Por que ele iria olhar para uma menina patinando, enchendo com o barulho dos patins?"

Esses passeios só puderam acontecer porque, anos antes, o destino cruzara os caminhos de Olyntho Ayres de Lima e Ignez Almeida Aranha. Já bem estabelecido como alto funcionário da então poderosa Companhia Estrada de Ferro Sorocabana, de cuja diretoria fez parte até se aposentar, Olyntho era um bom partido mesmo aos rigorosos olhos dos Aranha, que lhe cederam a mão da linda filha em casamento. Dessa união

Casamento de Olyntho Ayres de Lima e Ignez Almeida Aranha, pais de Inezita, em 1924. As daminhas de honra eram as primas Marta e Cecília Aranha.

nasceram Marcos José Aranha de Lima e, a 4 de março do ano da graça de 1925, Ignez Magdalena Aranha de Lima.

Foi numa Quarta-Feira de Cinzas. O berreiro da bebê misturou-se aos ecos do Cordão da Barra Funda, que nas cercanias da Lopes de Oliveira quebravam a Quaresma para saudar o nascimento daquela que, com o nome artístico de Inezita Barroso, viria a se tornar uma das mais brilhantes estrelas da música brasileira.

Inezita em 7 de julho de 1927.

2.
COM A CORDA TODA

Ignezita Aranha de Lima, a futura Inezita Barroso, teve a dádiva de uma infância feliz. Cresceu brincando nas ruas da divisa da Barra Funda com Perdizes e Santa Cecília. Um pedaço então privilegiado de uma São Paulo ainda pacata, mas já em plena expansão.

Desde bem cedo, Inezita esteve muito longe de corresponder ao modelo de menina bem-comportada que cabia a uma família de alta linhagem. Sua turminha era a do irmão, o que fazia dela a única presença feminina em meio a um pequeno batalhão de meninos, do qual ela era a líder incontestе.

"Eu odiava boneca. As de celuloide eu queimava, para ver a fumaça e sentir aquele cheirinho de plástico torrando. Gostava mesmo era de jogar pião, bola de gude, futebol e voleibol, empinar papagaio, subir em árvores (e cair delas, é claro). Tenho até hoje marcas nos joelhos feitas pelas ponteiras dos piões, e muito senhor por aí ainda deve recordar as dores das bolinhas de gude que eu tacava na cabeça deles nas brigas que surgiam.

Esse tipo de vida evidentemente não me fazia amiga das outras duas meninas moradoras da mesma rua. Sempre empertigadas, cabelos cacheados, com laço de fita, vestidos rodados e bordados, as duas irmãs não tinham nada a ver com a bugra aqui, cabelos lisos, escorridos e sempre despenteados pela correria, empapados de suor.

Em compensação, os meninos respeitavam minha liderança, e minhas ordens eram decretos."

As reinações de Inezita iam muito além das ruas de São Paulo; como os super-heróis dos quadrinhos e do cinema, a moleca tinha vida dupla: meio na cidade, meio na fazenda.

Ainda nos anos 1920, mudou-se com os pais para a rua Marta (no mesmo bairro), mas, como a mãe pouco parava em casa, sempre às compras ou tomando chá com as irmãs, a menina preferia passar os dias na enorme mansão dos avós maternos, a poucas quadras dali, na rua Conselheiro Brotero. Só voltava para dormir ou liderar sua turma de moleques. Com eles aprontava travessuras de fazer inveja aos pestinhas Chiquinho e Benjamim ou Reco-Reco, Bolão e Azeitona, que então arreliavam nas páginas da revista O *Tico-Tico*. Como da vez em que Inezita calafetou a porta do quarto de empregada e o encheu de água, pretendendo assim fazer uma piscina. Ou quando inventou uma oficina de consertar bicicletas, cobrando dez tostões pelo remendo de cada furo de pneu. Seu irmão Marcos relembra:

> "A irmãzinha sempre foi muito agitada, alegre, expansiva. Desde que me conheço por gente, ela tocava violão e piano, cantava e aprontava. Ela tinha uns sete anos. Uma história de nossa infância que nos marcou e recordamos até hoje foi quando mamãe, cansada das estripulias de Tantan, nosso cachorrinho fox, o deu de presente ao tio Juca. Chegamos da escola, e cadê o cachorro? Fomos à casa do tio, e ele não queria devolver. Fizemos um escândalo tão grande, que ele acabou nos entregando o bichinho, que se aninhou feliz no colo de Inezita, pronto para atormentar mamãe de novo."

Sua prima Martha lembra de outro episódio, que traumatizou Inezita pelo resto da vida. Um dia, no imenso quintal da casa dos avós, a menina brincava de estilingue com um primo, quando surgiu uma grande mariposa marrom. O falso olho colorido que apareceu quando o bicho abriu as asas foi um tentação enorme para o garoto, que, apesar dos apelos da menina, acertou uma estilingada em cheio na mariposa. Saiu um caldo amarelo do bicho, que tentou voar e acabou dentro do decote do vestido de Inezita. A menina entrou em pânico. "Foi um terror. Ela perdeu a fala, chorava e não podia dizer o que tinha acontecido. Até tirarem a mariposa do vestido e confortarem a 'vítima', houve tempo suficiente para criar um trauma que a acompanha até hoje", diz a prima. Inezita já chegou a largar o violão no palco e sair correndo só porque uma mariposa pousou em sua mão. O produtor Synésio Júnior conta que, certa vez, Inezita se desesperou com uma mancha no banheiro de um teatro, achando que era uma borboleta. "Ela agarrou meu braço com tanta força que fez até um roxo."

A casa da avó era enorme, ocupava quase um quarteirão inteiro, com os fundos dando para a rua Tupi, no endereço que, depois de loteado, abrigaria a Escola Panamericana de Arte e, mais tarde, a Escola Carlitos. Era tão grande que, no quintal, um tio construiu uma casa excelente, quase uma chácara, com horta, galinheiro, canil e canteiros de flores. Inezita e as outras crianças viviam trepando nas árvores do pomar para apanhar frutas. Em suas dezenas de quartos, a avó abrigava a "primaiada" que vinha do interior, das fazendas dos tios, para estudar na capital. A casa vivia cheia de gente jovem, alegre e animada, contrastando com as tias, sempre vestidas de preto, golinhas altas e mangas compridas. Inezita conta, em meio a risadas:

> "Era a parte da família mais emproada, que mantinha uma tropa de serviçais morando nos porões, incluindo um japonês motorista particular, que era exibido como um troféu pelas tias. Elas não gostavam muito das minhas molecagens habituais. Outro japonês, este jardineiro, odiava a bagunça que a criançada fazia em seus canteiros e uma vez soltou o cachorro em cima de mim. Subi numa árvore e acabei ficando lá o dia inteiro, a família me procurando. Só ao anoitecer foi que uma tia me descobriu e resgatou. Eu era a única menina numa faixa de idade que tinha muitos primos. Brincava bastante com eles, logicamente brincadeiras de meninos, aprendia suas malandragens e até passarinho cacei com estilingue. Com minha turma de moleques de rua, os primos completavam uma infância realmente feliz, que era olhada com não muito agrado pelas tias carolas."

As tias tinham lá seus motivos para torcer o nariz. Afinal, a irrequieta Inezita desde cedo também tinha suas pias obrigações a cumprir. A família morava bem perto da igreja de São Geraldo, no Largo Padre Péricles — mais conhecido como Largo das Perdizes. A paróquia era uma espécie de feudo da família Aranha, seus maiores beneméritos; quase tudo naquela igreja, de vitrais a bancos e altares, fora doado pelos avós da menina. Inezita, além de já se destacar como a melhor voz do coro, era uma das Filhas de Maria. Essa congregação leiga feminina teve gran-

Com a corda toda

de importância na vida católica durante a primeira metade do século XX, desenvolvendo obras pias e promovendo as principais atividades religiosas da freguesia, incluindo quermesses e procissões.

Inezita morria de inveja das colegas de ascendência italiana, por exibirem lindas cabeleiras louras e encaracoladas que contrastavam com seus cabelos pretos e escorridos, delatores das origens indígenas dos Aranha. Mas ela não deixava por menos e achava um jeito de tirar sua pequena vingança. Nas procissões, quando as meninas caminhavam enfileiradas, cantando hinos sacros, cada uma com uma vela nas mãos, se calhava de uma "italianinha" ir na frente da "bugrinha", aquela estava perdida. De vez em quando, Inezita "se distraía" e encostava a vela nos lindos cabelos à sua frente, e só quando o cheiro de queimado a denunciava, pedia mil desculpas pela "distração".

Outra travessura foi cometida com a cumplicidade dos marianos, a ala masculina da congregação. Eles eram encarregados de levar uma cadeira para a Verônica subir e cantar nas procissões de Sexta-Feira Santa. A Verônica era um personagem muito cobiçado: cabia a ela enxugar o rosto de Cristo na subida do Calvário, cantando e exibindo uma toalha que reproduzia a face de Jesus em sangue. Conta Inezita:

> "Todas queriam encarná-la, mas a escolhida era sempre aquela bela filha de italianos, que ainda por cima cantava muito bem, embora fosse muito metida a besta e humilhasse os rapazes que carregavam a cadeira. A cada esquina, a procissão parava, a Verônica subia na cadeira e cantava. Até que uma vez dei uma sugestão para eles: que escolhessem uma cadeira com assento de palhinha para ela subir. Não deu outra. Naquela procissão, cada vez que descia da cadeira, a Verônica xingava baixinho todo mundo, pois o salto do seu sapato ficava preso nos buracos da palhinha e ela tinha de descer descalça, esbravejando e distribuindo palavrões entre dentes."

Dada a generosidade dos Aranha para com as obras da Igreja, a casa da família foi sempre frequentada por altos dignitários da hierarquia católica. Um deles, monsenhor Benedito Paulo Alves de Sousa, superior do convento de Vitória, era um dos mais chegados amigos de batina. Dona Maria Magdalena de Almeida Aranha, a avó materna, era o que ela chama de "carola, carolíssima", e a casa vivia cheia de bispos, arce-

Inezita (à esquerda) e o irmão Marcos (na frente, à direita) com os vizinhos Isolda (à frente), Beatriz (de pé) e Mauro Pereira Bueno (atrás, à direita).

bispos, padres, cônegos. No almoço da família sempre havia um ou dois deles. O salesiano Dom Aquino Correia, mais tarde cardeal-arcebispo e governador de Mato Grosso, era frequentador assíduo. Monsenhor Benedito tinha até uma cadeira especial reservada para ele, e Inezita o espiava de longe, fascinada pelas vestes eclesiásticas, que achava lindas. Sempre que ele vinha, uma das tias providenciava uma bacia de água morna com sal para ele descansar os pés. Era chique esse tratamento, e lá ficava o monsenhor exibindo seu anel, um anel lindo que todos beijavam. Mas Inezita tinha uma "bronquinha" dele:

> "Ele era padrinho de todas as crianças, menos de mim. Então, quando ele chegava, a meninada já estava praticamente em fila na porta. Ele dava uma nota de cinco mil réis (um dinheirão, na época) para cada afilhado, e eu ficava só olhando... Muito tempo depois visitei Vitória, e na casa paroquial do convento tinha uma foto dele quase em tamanho natural. Até

chorei com a lembrança dele e esqueci aqueles cinco mil réis que nunca ganhei."

Nas temporadas de férias, era a vez de Inezita se entregar de corpo e alma a sua segunda vida, nas muitas terras da família. Tio fazendeiro, tanto do lado materno como do paterno, era o que não faltava — tantos que até a memória engasga na lembrança —, e assim estava garantida a festa anual da legião de primos. Por décadas a fio, toda vez que a "primaiada" veterana se reúne, a recordação das histórias de cada um — sempre envolvendo os outros — enfeita os encontros com emoção e muitas gargalhadas. As brincadeiras na fazenda Palmeiras, do tio Euclides Vieira, em Campinas, e na de tia Zaida, em Matão; na de Itapira, na de Santa Cruz do Rio Pardo e em tantas outras são sempre lembradas por Martha, Jorge Macedo, Maria José, Lourdes, Imaculada, Edson, Milton, Madalena, Zélia e Salete, entre tantos outros.

Inezita traz na memória cenas de dar inveja a qualquer criança, ainda mais às que hoje mal têm chance de ver uma galinha viva:

"Foi um período perfeito, andando a cavalo, de carro de boi, percorrendo plantação de café, uma beleza quando na floração. Na verdade, eu quase não parava na casa da fazenda, ia direto para a colônia, voltava na hora do jantar, tomava banho, comia e tratava de dormir para recomeçar tudo no dia seguinte ao lado dos colonos. Com eles aprendi a fazer papagaios, com papel de seda e cola de farinha de trigo. Passava tardes empinando os coloridos brinquedos, pois vento era coisa que não faltava.

As festas de São João eram o máximo, a caipirada das redondezas, todos se reunindo em volta da fogueira enorme, soltando balões que eram feitos com três ou quatro meses de antecedência. E a comilança de São João? Doce de batata-roxa, de abóbora, de coco, sequilho, rosquinhas, bolo de fubá, mandioca cozida com melado, tem coisa melhor? Havia também uma raizinha que chamava mangarito, que eu nunca mais vi. Era muito doce, meio amarelinha, mais ou menos do tamanho de uma uva. Tinha pipoca, pinhão, tudo o que pudesse se imaginar em comida caipira. Tinha até o tal do capilé, e até hoje não sei o que fazia o raio daquele sorvete gelar, já que geladei-

Inezita, os pais Olyntho e Ignez e o irmão Marcos
na praia do Gonzaga, em Santos, em 1933.

ra foi a família que teve primeiro. O motor era uma bola que mais parecia um foguete espacial, e eu ficava admirando aquela coisa. E aquelas leitoas pururucas, estalando? Quando eram servidas, o pessoal abria o apetite com cachaça da boa. E durante o almoço, vinho. A meninada até ganhava o direito de tomar um dedinho de vinho tinto e depois rebater com os maravilhosos licores caseiros feitos de jabuticaba, pêssego, ameixa, uva, amora, que as tias competiam em fazer, uma melhor que a outra."

O galpão onde ficavam guardados os balões, os mastros com santos, a lenha da fogueira à espera da festança era a famosa tulha — ou melhor "tuia". Mesmo fora dos períodos de festa, era o "centro cultural" dos colonos, que lá se reuniam para os bailinhos dominicais e para as rodas de violeiros que desde muito cedo encantaram a menininha. Foi lá, "à beira da tuia", como diz uma famosa música de Tonico e Tinoco, que Inezita começou a se embeber da música caipira. Quando foi ver, já estava fisgada pela viola, instrumento que ganhou seu coração antes que qualquer outro:

> "O violão foi com sete anos, a viola caipira tinha me atraído um pouco antes, na fazenda. Mas naquele tempo era feio mulher tocar viola, não tinha nenhuma atriz, nenhuma estrela que tocasse viola, ninguém. Então eu não tive viola, meu primeiro instrumento foi um violão."

Naquelas temporadas no campo, era comum sua avó Zica, recostada em uma rede na bela varanda da sede, requisitá-la para tocar. A neta tratava então de tomar um bom banho, pentear os cabelos lisos, arrumar-se toda, pegar o violão e sentar-se aos pés da avó. Dona Zica comandava: "Cante isto, cante aquilo", pedindo suas canções favoritas, orgulhosa de a menina ter o mesmo registro de voz que ela. Quando Inezita não sabia ou não conhecia uma canção, a avó cantava para ensiná-la. Àquela altura, passado tanto tempo desde a morte do marido, já esquecera a jura de não mais soltar sua voz privilegiada, ainda que fosse de raro em raro. Quando isso acontecia, continuava a encantar a quantos a ouvissem, e a família se reunia em silêncio a seu redor. Só que, para que essa linda cena fosse possível, muita coisa teve que acontecer.

Mesmo sendo o violão uma coisa mais "normal" do que a viola, Inezita chegou a ele de um modo bem afinado com seu jeito moleque de sempre. Tudo começou quando sua tia Carlota, a Lotinha, manifestou o desejo de estudar o instrumento, o que bastou para causar um tremendo rebuliço no solar dos Aranha. Papai Philadelpho e as irmãs de golinha alta acharam aquilo um escândalo. Só concordaram sob a condição de que Lotinha aprendesse violão clássico e tivesse as aulas em casa; e nada

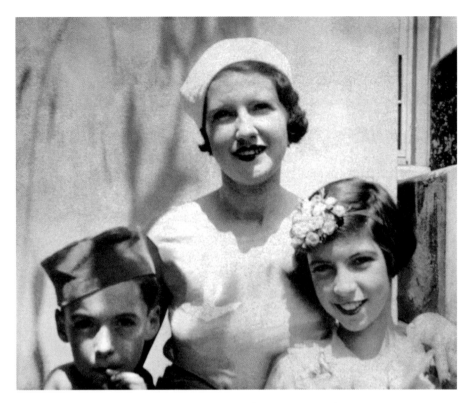

Marcos, Lotinha e Inezita. A tia de Inezita, irmã de sua mãe,
foi a primeira da família a ter aulas de violão.

de se acompanhar, porque cantar estava fora de cogitação. Acontece que o lado materno da família de Inezita, ao contrário do paterno, era tão pouco afeito à música quanto dado aos preconceitos da "gente bem". Naquele tempo era fino os filhos, e principalmente as filhas, das famílias de escol aprenderem piano — harpa e bandolim também eram aceitos —, mas cantar ou se apresentar em público, jamais.

Como era costume na classe alta, havia no solene casarão dos Aranha uma grande sala sempre trancada e impecável, que só era aberta para receber visitas e à qual os membros da família quase não tinham acesso. Numa deferência especial, Lotinha começou a ter aulas naquela sala duas ou três vezes por semana. A porta era destrancada quando o professor chegava e voltava a ser fechada assim que ele se ia. Ouvindo as primeiras aulas do lado de fora, a pequena Inezita logo se interessou pela novidade e quis acompanhá-la mais de perto. Descobriu que uma janela dava acesso à sala e passou a se esgueirar por ali, entrincheirando-se atrás de um sofá para escutar nitidamente as lições inteiras. Finda a aula e trancada a porta, a moleca pegava o violão que a tia deixava sobre o sofá e, escudada no instrumento — muito maior do que ela —, tentava reproduzir o que acabara de ouvir. Isso até o dia em que a janela foi fechada quando ela ainda estava dentro da sala. Inezita não teve outro remédio senão pedir socorro, e a descoberta causou um novo rebuliço na mansão.

A família acabou por decidir que, se era para a garota aprender a tocar o instrumento, que fosse da maneira adequada. Tia Lotinha fez questão de apoiá-la de saída, presenteando-a com aquele que seria seu primeiro violão. Como lembra Inezita: "Foi comprado na Del Vecchio, e eu era tão pequenininha que tiveram que me sentar no balcão da loja para experimentar o violãozinho". Em pouco tempo, a curiosa aluninha já aprendia as noções básicas de execução, com a tia Lotinha e com o primo Geraldo. Sua maior alegria era quando este, um dos primos estudantes que morou por algum tempo na casa dos avós, a convidava para tocar. Esse primo, já um rapaz crescido quando ela arriscava os primeiros acordes ao violão, tinha sido criado na fazenda do pai em Santa Cruz do Rio Pardo, e compartilhava com ela o gosto pela música caipira. As primeiras peças do gênero que ela tocou foram ensinadas por ele. "Conhece esta posição? E esta outra?", e a priminha ia aprendendo rapidamente. Foi uma tristeza para Inezita quando Geraldo se mudou para o Rio de Janeiro, onde foi estudar Medicina. Pouco depois, seria a dor de uma grande perda: o rapaz faleceria precocemente, ainda antes de concluir o curso, vítima de leucemia.

Já familiarizada com o violão, Inezita voltou para as férias nas fazendas com sua curiosidade ainda mais forte. Sua maior atividade passou a ser observar os violeiros quando estes se reuniam para cantar as canções que já começavam a virar suas favoritas. Ela olhava os ponteados de viola, memorizava e tentava fazer igual no violão. Seu interesse acabou por convencer os violeiros, que viram na menina da cidade um potencial e um interesse que as moças do local não tinham. Aos poucos, foram ensinando os segredos do instrumento para ela.

"Na família ninguém sabia que eu estava aprendendo viola, e mantive o segredo. Eu andava reinando, né? Chegava na fazenda, pegava a viola dos caipiras, e ia lá aprender coisas bo-

Inezita e seu violão em recital no Salão Germânia, em 1933.

nitas: a 'Moda da Pinga', o 'Boi Amarelinho', que ficou sendo meu favorito. Eu já tomava nota dessas coisas naquele tempo. De tardezinha já começava a sessão. Quando tinha festa, era melhor ainda, as tias deixavam a gente ficar até mais tarde. Eles tocavam também nas Folias de Reis, Folias do Divino. Os foliões visitavam as casas, e era uma glória entrar com eles, naquela cantoria linda. Lembro daquele Divino de mastro cheio de fitas... com a pombinha no alto."

Assim, nessas brincadeiras, a irrequieta Inezita foi crescendo entre a rua e a roça, entre violões e violas. Aos poucos seu talento musical ganharia novos mestres e padrinhos, e as primeiras plateias.

Inezita (segunda à esquerda na primeira fila) e sua classe do 2º ano primário no Caetano de Campos, em 1933.

3.
PRIMEIRAS NOTAS

Inezita adentrou muito cedo o mundo da música, levada por sua própria curiosidade um tanto rebelde. Foi uma iniciação sem rédeas nem regras, quase que só com a orientação afetuosa e informal do primo, da tia e dos colonos das fazendas. Nesse "quase", porém, cabe muita coisa, já que Inezita teve o privilégio de frequentar, desde o jardim da infância, a Escola de Aplicação anexa à Escola Normal Caetano de Campos.

Então no seu período áureo, essa instituição era motivo de orgulho para os paulistas, pela qualidade e pelo pioneirismo do seu ensino. Foi a primeira no Brasil a aplicar as ideias pedagógicas de Jean Piaget e a primeira do estado de São Paulo a ter um jardim de infância público. Este funcionava num conjunto aos fundos do prédio principal, ambos projetados e executados pelo arquiteto-engenheiro Ramos de Azevedo. Numa área de quase mil metros quadrados, por onde hoje passa uma avenida, distribuíam-se quatro salas de aula muito bem iluminadas, em torno de um grande salão de 15 x 16 m, com pé-direito duplo, em cujas altas paredes estavam retratados os próceres da pedagogia: Friedrich Froebel, Johann Heinrich Pestalozzi, Jean-Jacques Rousseau e Marie Pape-Carpantier. Coroando o salão, uma cúpula octogonal de ferro trabalhado e vidro fosco, com uma galeria interna e, no exterior, quatro terraços triangulares que ofereciam vista panorâmica do centro da cidade. Havia mais quatro compartimentos destinados aos banheiros, sala de visita, almoxarifado e escritórios, além de dois pavilhões cobertos para recreação dos alunos.

Se a excelência do espaço causa espanto, o ensino que nele se ministrava aos "petizes" também é de deixar muito pedagogo boquiaberto: além dos exercícios de pré-alfabetização e iniciação à matemática, desenvolviam-se atividades de linguagem, com narrativas e diálogos sobre temas variados; muitos trabalhos manuais, poesia, vários tipos de ginástica, jogos organizados, brincadeiras, passeios... E, claro, música, muita música. Nas salas de aula equipadas com piano, a cada três por dois as "jardineiras" puxavam uma cantiga que viesse a propósito. Havia ainda uma "orquestra do jardim", em que as crianças eram iniciadas à execução, em grupo, de instrumentos como harpa, flauta, guitarra, alaúde, violino, todos em tamanho apropriado.

Logo a família percebeu que tudo aquilo não bastava. As prendas de Inezita pediam mais. O solar dos Aranha eram palco frequente de seus shows privados, que os parentes incentivavam com um misto de fascínio e escândalo:

> "Eu era uma menina-prodígio. As tias me adoravam, me carregavam no colo, me enchiam de beijos e me colocavam sobre a mesa, todos atentos em volta enquanto eu declamava e cantava. Só que, na hora de cantar, eu cantava tango: '*Sola, fané y descangayada/ la vi esta madrugada/ salir de un cabaret...*'. Um toquinho de seis anos cantando tango era para todo mundo se escandalizar, pois as letras eram consideradas imorais. Eu, que não sabia de nada, cantava toda feliz, como se tivesse nascido em Buenos Aires: '*Uno busca lleno de esperanzas/ el camino que los sueños/ prometieron a sus ansias...*'.
>
> Diante de tantas manifestações artísticas, acrescidas pelo flagrante que me deram filando as aulas de violão de tia Lotinha, meus pais viram que meu caminho era mesmo a música e me entregaram para a professora Mary Buarque, que tinha uma academia de música na rua Conselheiro Brotero, o que foi da maior valia para minha vida toda."

Mary Buarque foi uma pessoa de grande influência na cultura paulistana e brasileira. Quem a conheceu a descreve como uma pessoa sempre alegre, sempre feliz. Seu alto-astral influía beneficamente em todos a seu redor. Educadora sempre muito preocupada em se atualizar, estudou nos Estados Unidos, de onde trouxe os mais modernos métodos de ensino infantil de música.

> "Foi ela quem me abriu as primeiras portas, me ensinou declamação, dicção, violão, boas maneiras. Com ela aprendi tudo o que era necessário para ser uma moça fina. Quer dizer... quase tudo. Nunca consegui aprender muito bem as tais de boas maneiras..."

Inezita (à esquerda) em apresentação na Confeitaria Elite, em 1932.

Cruzada Pró-Infancia

Festival Infantil Beneficente, a realisar-se no dia 12 de Novembro de 1933, ás 15,30 h., no Salão Germania
á rua D. José de Barros, 9

PROGRAMMA

Marcha inicial pelo afamado Grupo Regional Infantil da P. R. B. 6

Alguns minutos de delícia para a petizada paulistana, pelo conhecido e querido João Minhóca *"Ulrich Neise"*.

2 Canções pelas gentis e apreciadas violeiras - meninas:
Véra Caiuby, Ivette Carneiro Nogueira, Cléo de Mesquita, Neyde de Souza, Ignezita Aranha de Lima, Catharina Goulart Pires, Myrtha Lucchesi - alumnas da sra. *Mary Buarque.*

Dansa russa pela graciosa menina *Véra Azevedo.*

Um "Choro", pelo aplaudido Grupo Regional Infantil da P. R. B. 6

Alegretto (Melodia Italiana) dansa pela galante menina:
Paula Goddard, alumna da sra. Chinita Ullmann.

Detalhe do programa do evento da Cruzada Pró-Infância realizado no Salão Germânia, em 1933, com as "violeiras-meninas", alunas de Mary Buarque.

Na época, uma das rádios mais populares de São Paulo era a Cruzeiro do Sul, segunda emissora a operar em São Paulo, em 1927, precedida apenas pela Educadora. Entre 1932 e 1934, os estúdios da Cruzeiro do Sul no Largo da Misericórdia foram muito frequentados pela professora Mary Buarque e seus alunos, que se apresentavam regularmente, ao vivo, no programa dominical *A Hora Infantil*, numa seção exclusiva que ganhou o nome de *Pequenópolis*. Assim, aos oito anos de idade, Inezita se defrontou com seu primeiro microfone, daqueles enormes, que pareciam um ralador de queijo:

> "Havia um coral, e eu, como boa contralto que sou desde aquela época, cantava junto com os meninos. Era a única menina, e ainda por cima com voz mais grave que a maioria deles. Todo mundo tirava sarro, até eu me enfezar e não admitir a brincadeira. Durona e líder como sempre fui, acabava com a farra rapidinho. De vez em quando, apareciam profissionais para 'dar uma força', e nós adorávamos. Eu gostava mais quando se apresentavam os Irmãos Caresato, depois conhecidos como Os Trigêmeos Vocalistas. Cantavam, dançavam, sapateavam, tocavam todos os instrumentos, e ficávamos maravilhadas. Eram um espelho para a gente, uma escola."

Junto com o *Ranchinho de Pequenópolis*, Inezita também pisaria em seus primeiros palcos — depois da mesa de jantar dos Aranha, claro. A presença regular no rádio logo fez os músicos mirins serem convidados a diversos eventos beneficentes, como a Cruzada Pró-Infância, no elegante Salão Germânia, as vesperais da Associação dos Pequeninos Pobres, no Cine-Teatro Odeon, e o festival em benefício do Monumento a Anchieta, no Teatro Municipal de Campinas. Dessas apresentações precoces, Inezita Barroso guardaria para sempre dois grandes ensinamentos: a desenvoltura diante de qualquer plateia e a permanente disposição a abraçar causas solidárias.

Outro mestre importante que Inezita ganhou naqueles anos foi ninguém menos que Raul Torres, compositor e intérprete de música caipira que já fazia sucesso no rádio desde o final dos anos 1920, tanto pela Cruzeiro como pela Educadora. Com o pseudônimo de "Bico Doce", Raul Torres participara da mítica série de discos produzida pelo pioneiro do gênero, Cornélio Pires, e naquele começo dos anos 1930 iniciava uma

A turma de violeiros do *Pequenópolis*, da professora Mary Buarque, em matéria da *Gazeta Infantil* de 29 de novembro de 1934. Inezita aparece ao centro, de vestido escuro.

fértil parceria com o grande João Pacífico. Mesmo já sendo um artista consagrado, Torres conservava seu emprego na Companhia Estrada de Ferro Sorocabana, onde travou amizade com o pai de Inezita, que costumava levá-lo aos aniversários da menina: "Raul foi por diversas vezes o meu presente, cantando nas minhas festinhas como se estivesse num grande palco, o que é bem próprio dos verdadeiros artistas".

Observando-o tocar, a menina, sempre curiosa, pôde aprender muito da arte da viola e do canto caipiras. E assim herdou do pai não apenas uma amizade preciosa, mas uma admiração artística que ficaria comprovada nas muitas composições de Raul Torres que seriam gravadas por Inezita Barroso.

A futura pesquisadora das tradições brasileiras também receberia naquele início dos anos 1930 o carinho e a predileção de um dos maiores folcloristas do Brasil, Alceu Maynard Araújo. Autor do clássico estudo *Folclore nacional* (1964), Maynard, com sua dupla formação em Educação Física e Ciências Sociais, dava por esses anos aulas de danças típicas no Parque da Água Branca, entregue a uma ação que logo o levaria a colaborar diretamente com o diretor do Departamento de Cultura de São Paulo, Mário de Andrade, num vasto programa de educação recreativa nos parques infantis da cidade. Os pais da irrequieta Inezita de pronto a levaram ao novo parque vizinho para participar daquelas atividades. O grande professor não resistiu ao jeito alegre e espontâneo da menininha, que o conquistou para sempre.

Do alto dos seus nove anos, Inezita era uma grande artista em botão aos olhos de quem quisesse ver. E quem então o viu — e ouviu — claramente foi "um tal de" Ariovaldo Pires. Sobrinho querido de Cornélio Pires, nascido como este em Tietê, esse músico, compositor, ator e produtor desde jovem fez jus a essa verdadeira meca da cultura caipira, tornando-se um de seus grandes embaixadores nas rádios e gravadoras paulistas. Em 1929, dirigira e estrelara o programa humorístico-musical *Cascatinha do Gennaro*, naquela mesma Rádio Cruzeiro do Sul que mais tarde receberia a criançada de *Pequenópolis*. O sucesso daquele programa foi tão grande que, em 1934, a recém-fundada Rádio São Paulo o "roubou" para seus quadros. Numa das emissões da *Cascatinha* já na nova casa, mais exatamente no dia 19 de junho de 1934, Ariovaldo, que fazia o papel de Gennaro, e o diretor da rádio, Itagyba Santiago, que encarnava o italiano Beppo, receberam a visita do amigo Olyntho Lima. Este permaneceria mudo diante dos microfones, bem ao contrário

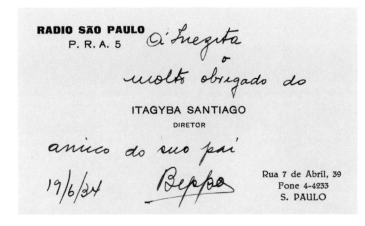

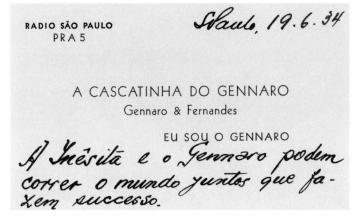

Lembranças de uma visita à Rádio São Paulo, em 1934: Ariovaldo Pires, o Capitão Furtado (que na época apresentava o programa *Cascatinha do Gennaro*) se encantou com a apresentação de Inezita, então com nove anos de idade.

da filha, Ignezita Aranha de Lima, que soltou a voz acompanhando-se ao violão.

Ariovaldo Pires, que logo adotaria o mítico pseudônimo de Capitão Furtado, com seu célebre faro, anotou a aposta com o punho do seu popular personagem: "A Inezita e o Gennaro podem correr o mundo juntos que fazem sucesso".

Primeiras notas 33

Egressa do Caetano de Campos, Inezita formou-se em Biblioteconomia pela Universidade de São Paulo.

4.
A NORMALISTA QUE GOSTAVA DE MÚSICA

O Caetano de Campos, no seu prédio tradicional, na Praça da República, era uma escola sonhada por muitas meninas de São Paulo. Famosa pela qualidade do ensino, já naquela época a escola impunha uma rigorosa seleção para as candidatas a alunas.

Inezita chegara ao Caetano com seis anos de idade e, depois de um ano no jardim de infância, passara por uma espécie de "vestibulinho", um difícil teste para conseguir a matrícula. No quesito aplicação, a nota fora sempre dez, mas ela e a família tinham medo que não conseguisse aprovação por causa do item comportamento, no qual sua nota era próxima de zero. Era na escola a mesma moleca de sempre, a das férias nas fazendas e das peladas na rua. Somadas as duas notas e extraída a média, Inezita conseguiu entrar e iniciou um largo período de convivência com a escola, que duraria até ela se formar em Biblioteconomia, às vésperas de seu casamento.

Submetida à severa filosofia de ensino da escola, Inezita cumpriu os quatro anos do então curso primário, preparando-se para mais um "vestibulinho", que lhe abriria as portas para os cinco anos do curso ginasial. Estava cursando o quarto ano quando resolveram que o prédio da escola passaria por reformas. As alunas foram encaminhadas para um endereço provisório, e muitas delas não retornaram quando as obras terminaram. Para não ter surpresas desagradáveis, a menina foi fazer o curso de admissão no ginásio com uma professora que a marcaria para o resto da vida por sua habilidade e competência. Até hoje, com mais de oitenta anos, Inezita lembra com carinho e emoção de dona Iracema Munhoz, que a preparou tão bem que os exames foram como uma brincadeira. Prestou os exames e entrou no ginasial — sempre no Caetano de Campos —, "com um pé nas costas", como diz.

Nessa nova etapa, o ambiente era outro. As adolescentes, quase todas belas filhas de famílias tradicionais, não se comportavam mais como as "crianças" do curso primário. Já começavam os namoros, as paqueras

— palavra que ainda não existia —, os comentários sobre este ou aquele rapaz. O uniforme começava a incomodar e, para driblar a exigência de seu uso, as meninas, quando estavam na rua, tiravam da blusa o emblema do Caetano (que, para facilitar a operação, prendiam no bolso com colchetes), enrolavam as meias três quartos, transformando-as em meias soquete — a última moda, lançada pela estrelinha de Hollywood Deanna Durbin —, escondiam o cinto vermelho e desfilavam pela cidade como se não fossem estudantes.

Inezita cumpriu com brilho os anos de ginásio e, como sua vida escolar era na Praça da República, queria ficar por lá mesmo. Mas o Caetano de Campos não oferecia o curso Científico nem o Clássico, opções de continuidade dos estudos após o ginasial. A solução foi matricular-se no Colégio Estadual na rua São Joaquim e frequentar as aulas do Clássico por dois anos.

Esse foi também o tempo dos famosos chás da tarde no Mappin da Praça Ramos de Azevedo, sempre às cinco da tarde. A garota ia sempre com sua tia Lotinha ouvir a orquestra tocar os boleros do momento. Toalhas de linho, porcelanas e cristais dos mais finos, tudo para receber a nata das madames paulistanas, vestidas impecavelmente. Inezita se recorda ainda hoje das tortas, bolos e biscoitos de dar água na boca, além de toda sorte de chás importados — com leite, bem à inglesa! — oferecidos às clientes.

E quanto ao primeiro namorado, aquele que deveria adaptar-se às condições impostas por aquela moça tão diferente? Demorou muito a aparecer, quando ela já estava bem entrada na adolescência. Por volta dos quinze anos, Inezita ainda brincava na rua, e nenhum dos companheiros tinha coragem de tentar nada com a ponta-esquerda e capitã do time da turminha:

"Na verdade, eu era muito amiga de todos. Era como um homem para eles. Um companheiro. Assim, se porventura algum estivesse gostando de mim, acabava se afastando envergonhado, sem coragem para se declarar.

Acabou aparecendo um rapaz de fora do grupo, mais velho que eu, e se candidatou. Muito bom rapaz, mas não era lá essas coisas. Aliás, nem namorar direito ele sabia. Ficava parado no portão da minha casa esperando eu sair para a escola. Namoro para ele era me acompanhar no bonde, das Perdizes para a Escola Caetano de Campos, na Praça da República, grudado que nem carrapicho, e fazer a mesma coisa de volta. E carrapicho, tomar conta, pegar no pé é coisa que detesto até hoje, acho que por isso estou sozinha. Nunca fui de agarramento, carinhos sem fim; sempre tive outra cabeça, criada na rua, brincando. Quando me convidou para irmos ao cinema, eu disse que não podia, a família não deixava, e acabamos brigando. Isso atrasou também futuros namoricos. Para sair de casa, só acompanhada pelo meu irmão Marcos. Quando namorei e fiquei noiva do meu marido, até a véspera do casamento só fui ao cinema com ele porque meu irmão ia junto."

A essa altura, não resistindo à saudade, Inezita já havia voltado ao velho Caetano de Campos, agora no curso Normal — caminho obrigatório para as futuras professoras primárias. Ela ingressara direto no segundo ano, pois os dois que já havia cursado do Clássico lhe davam esse direito.

Mas não sem antes vencer uma difícil concorrência: era o início da década de 1940, o mundo estava em guerra, e o Brasil recebera muitos imigrantes europeus, o que resultara numa grande quantidade de alemãs, judias, italianas e outras, que dominavam várias línguas e sabiam tudo de matemática, disputando as vagas da conceituada escola. Obviamente, só em português não eram páreo para as paulistanas.

Zaíra Coelho, a amiga e companheira desde então, conta que entrou em décimo primeiro lugar e Inezita, em nono. As normalistas do Caetano eram verdadeiro fetiche dos rapazes da época; Zaíra não deixou de honrar a fama:

"A gente saía da escola, passava pelo ritual de transformar o uniforme em roupa 'civil' e ia desfilar, principalmente na rua Barão de Itapetininga, lugar chique e de moda, na ocasião. Tinha lá uma lanchonete, palavra que ainda não existia, o nome era *bombonière*. A dona era uma japonesa, e os acadêmicos de Direito iam lá para namorar a gente.

Lembro muito bem que foi lá que vi pela primeira vez o chamado amendoim japonês. E umas balas maravilhosas em forma de travesseirinho recheadas com ameixa, além de um exótico sanduíche de sorvete, duas bolachas quadradas com o sorvete no meio, delicioso. Ficávamos também horas paquerando na porta da escola, onde hoje é a estação do metrô República, uma beleza de tempo na vida, muito gostoso.

Uma vez, resolvemos todas 'matar' a aula das dez da manhã e uns noventa por cento da classe foram para o Cine Metro, na avenida São João, ver *E o vento levou*, filme que estava fazendo tremendo sucesso. Ocupamos umas duas ou três fileiras de poltronas, e foi um susto geral quando as luzes se acenderam no meio da projeção.

A diretora, professora Carolina Ribeiro (que chegou a ser ministra da Educação no governo Jânio Quadros), era famosa por sua severidade e competência. Acompanhada por um bedel, subiu ao palco e ordenou que voltássemos imediatamente para a escola. E lá fomos nós, em fila indiana, desfilando pela avenida São João, avenida Ipiranga, Praça da República, até entrarmos envergonhadas na sala de aula."

Muitos anos depois, Inezita encontrou dona Carolina em uma solenidade, e a mestra a cumprimentou: "Ignez Magdalena Aranha de Lima! Número 47! Quanto trabalho você me deu!".

Oneida Facchini, outra colega do Caetano, lembra saudosa das escapadelas para o cinema e das paqueras na Confeitaria Vienense. E, claro, do gosto de Inezita pela música:

"Tínhamos uns quinze anos. Ela sempre adorou cantar e tocar violão, o que no colégio não era permitido. A diretora, Carolina Ribeiro, era muito severa. Mas Inezita não tinha outra ideia que não fosse ser cantora."

Inezita conta que, nos intervalos, ela e suas amigas preferiam ir à sala de aula de Música, em vez de descer para o recreio. As garotas mais esnobes se gabavam de tocar Chopin ou Beethoven muito bem, mas o repertório nunca variava muito. Um dia, decidida a sacudir aquela mesmice, Inezita foi ao piano e anunciou: "Vou tocar George Gershwin, um compositor americano muito bom". A jovem sentou-se em frente ao teclado e atacou a "Rhapsody in Blue". Foi um sucesso imediato entre as garotas:

Inezita Barroso (segunda à direita) e as colegas normalistas do Caetano de Campos.

Inezita Barroso na fazenda da tia Zaida em Matão, SP, em 1940.

"Lá tinha piano, e muitas tocavam o instrumento, transformando os intervalos em festas musicais. Sempre me pediam para cantar a 'Ave Maria', e isso me custou constrangimento muitos anos depois, quando uma amiga, Zaíra Coelho, promoveu uma reunião das ex-alunas, todas velhotas (e hoje muitas já falecidas).

Foi uma missa solene na igreja do Senhor Bom Jesus dos Passos, ali na avenida Rebouças, e tinha 'normalista' até em cadeiras de rodas, eu já estava com 75 anos. Ensaiei à tarde, o padre ficou maravilhado com a 'Ave Maria', a mesma que eu cantava nas reuniões da sala de música. Na hora da missa, foi um desatino. Era um tal de velhinha soluçando, chorando para valer, as maquiagens — e olha que maquiagem era o que não faltava ali — escorrendo pelos rostos.

Depois a Zaíra me contou que teve um medo enorme de que alguém morresse naquela hora. Proibi minha amiga de me botar em outra fria dessa, e até hoje nós rimos da situação. Na última festa foram só oito alunas, então decidimos parar, porque estava ficando muito chato falar de todo mundo que já morreu.

Quando aconteceu a inauguração do Estádio Municipal do Pacaembu (que agora chama Paulo Machado de Carvalho, em homenagem ao homem que mais tarde seria meu patrão na Rádio e TV Record), o grande maestro e compositor erudito Heitor Villa-Lobos armou e regeu um imenso coral que se apresentou na concha acústica, que não existe mais.

Cada escola ensaiou seu grupo à parte, só sendo reunido todo o coral na hora da apresentação. Cantamos uma música de autoria de Villa-Lobos, com letra (se não me engano) de Guilherme de Almeida. O conhecimento de música me ajudou demais naquele momento, de grata lembrança."

Naquele tempo, a Universidade de São Paulo ainda não contava com o campus no bairro do Butantã. Parte da Faculdade de Filosofia funcionava na rua Maria Antônia, no bairro da Consolação; outra parte, no terceiro andar do Caetano de Campos, mas Inezita não queria seguir aquela carreira. Para sua sorte, foi aberto um curso de Biblioteconomia num espaço anexo àquele ocupado pelo de Filosofia.

Inezita Barroso na fazenda do tio Euclides em Campinas, SP, em 1939.
Euclides Vieira foi prefeito da cidade entre 1938 e 1941.

Mariana Barroso (à esquerda), Inezita e Adolfo Barroso
na Represa de Guarapiranga, em São Paulo.

Como havia passado toda sua vida escolar naquele prédio, afastando-se dele apenas para fazer o curso de admissão e durante os dois anos em que cursou o Clássico no Colégio Estadual Presidente Roosevelt, Inezita e mais umas cinco amigas resolveram cursar a tal Biblioteconomia e matricularam-se na primeira turma, que cursaria seu primeiro ano letivo em 1945.

Durante o curso, Inezita já era uma jovem deslumbrante, que, entre outras coisas, gostava muito de esporte. Desde cedo seu pai obrigara ela e o irmão a praticar esportes, como o tênis (Inezita jogou um campeonato da Federação Paulista em 1940) e, também, a natação.

Na época, não era muito agradável acordar cedo, ainda com o céu escuro, pegar o bonde Barra Funda mal tinha nascido o sol, e ir nadar no Clube Tietê na Ponte Grande, às margens do rio. Mas ela agradece, pois acha que, se não fosse assim, não teria passado dos oitenta anos com toda a saúde que tem.

Lá não havia moleza. Seu professor, Paul Lenk, era um alemão durão, pai da famosa Maria Lenk, a primeira mulher a defender o Brasil nos Jogos Olímpicos e que nadou diariamente até falecer, aos 92 anos, em abril de 2007. A água soltava fumaça por causa do frio, e o professor não queria saber, mandava todo mundo mergulhar.

A irmã da Maria, Sieglinde, que também foi nadadora olímpica, era uma espécie de ídola das alunas de seu pai. Saltava de trampolim, fazia saltos ornamentais. O sonho de todas era um dia saltar como ela.

Chovendo, garoando, fazendo frio, não tinha negociação: toca a pular na água, mesmo tremendo:

> "E naquele tempo não havia nem um uisquinho para esquentar os ossos da gente, só um café preto e quente e... pula na água! Mas fiquei amando o esporte, principalmente a natação, e durante muitos anos frequentei também a ACM (Associação Cristã de Moços), onde minha mãe jogava basquete e nós, pequenininhos, ficávamos torcendo por ela e comendo amendoim. Em casa, a gente conversava muito sobre esporte e, quando mudamos para Perdizes, o estádio do Pacaembu estava sendo construído. Nas festividades de inauguração, íamos todas as noites ver jogos, importantes ou não, o que era motivo de brigas com meu irmão, um ano e meio mais moço que eu, são-paulino, e eu, já, desde menininha, corintiana roxa.

Inezita e amigas na piscina do Cube Paulistano, em São Paulo, em 1962, local onde conheceu, nos anos 1940, seu marido Adolfo.

Pois foi no Clube Paulistano que acabei conhecendo e ficando amiga de um rapaz que também gostava bastante de natação. A gente conversava muito, o assunto dominante era o esporte, mas de vez em quando mudava para música, cinema, literatura. Estabeleceu-se um flerte, que virou namoro, que virou noivado, e Adolfo Cabral Barroso, esse era seu nome, acabou se transformando em meu marido."

Inezita vestida para seu casamento com Adolfo Barroso em 23 de setembro de 1947.

5.
NAMORO, NOIVADO, CASAMENTO

Inezita e Adolfo passavam muito tempo juntos no Paulistano, clube que reunia a elite de São Paulo. Conversa vai, conversa vem, logo começaram a namorar.

"Naquele tempo a gente usava muito fazer festinhas em casa com som de vitrola, aqueles discos pesadões de 78 rotações, dançando com as músicas de Bing Crosby, Frank Sinatra, os ídolos da época. Eu tinha duas primas que eram as mais animadas, adoravam dançar e convocavam a turminha para as reuniões nos domingos à tarde. O namoro com Adolfo foi evoluindo a ponto de completar quatro anos e amadurecer para a gente se casar. Não aconteceu antes porque tínhamos de respeitar a velha tradição de terminar os estudos e só casar depois da formatura. Adolfo era acadêmico de Direito, com uma turma espetacular de amigos que viriam a se transformar em quase irmãos meus, incluindo meu futuro cunhado Maurício Barroso, depois ator famoso do Teatro Brasileiro de Comédia e do cinema, nas produções da Companhia Vera Cruz, um marco do pioneirismo no cinema nacional. Maurício, de certa forma responsável pela minha carreira, tornou-se o mais conhecido dos Jograis de São Paulo, grupo especializado na apresentação de textos e poesias formado inicialmente por seu criador, o ator Ruy Affonso, e mais Maurício, Carlos Vergueiro (pai do cantor e compositor Carlinhos Vergueiro) e Rubens de Falco."

Durante o namoro, Inezita foi se enturmando mais com o pessoal da Faculdade de Direito do Largo de São Francisco, principalmente com Paulo Autran, Renato Consorte e os demais. Chegou a se transformar em uma espécie de musa do Centro Acadêmico XI de Agosto, sendo a única mulher a fazer parte do grupo.

Era praxe Inezita e Adolfo saírem de mãos dadas do Caetano de Campos, cruzarem a Praça da República, a rua Barão de Itapetininga, o Viaduto do Chá e encontrarem a turma na Praça do Patriarca. Os acadêmicos de Direito vinham pela rua São Bento, e Inezita acabou descobrindo que não era só ela que tinha namorado universitário. Muitas de suas colegas do Caetano de Campos faziam o mesmo trajeto para encontrar seus namorados, já que, para sorte de todos, os horários de fim de aula das duas escolas coincidiam.

"A gente ficava na Praça do Patriarca conversando, enchendo linguiça até pegar o ônibus que nos levava até as Perdizes. A família de Adolfo morava no vizinho Sumaré, o que facilitava as coisas. Com o correr do namoro, ele acabou entrando em minha casa e nos livramos de namorar nas ruas de terra, sem calçamento, cheias de barranco, onde hoje é a moderna avenida Sumaré.

Uma coisa que marcou nosso namoro foi o som do saxofone que vinha de uma casinha por ali. Gostávamos de ouvir a pessoa estudando e tocando, e acabou que o 'músico' era ninguém menos que o famoso Brandão, centro-médio do Corinthians, da famosa linha média — era assim que se dizia — Jango, Brandão e Dino. Brandão tornou-se nosso amigo depois (lembrem-se de que sempre fui muito corintiana) e acabou me presenteando com um lindo anel de ouro com o escudo do Corinthians em esmalte.

Ingenuamente doei aquela lindeza na campanha Ouro Para o Bem do Brasil, em 1964, que arrecadou milhares de quilos de ouro que ninguém sabe onde foram parar."

Entre escorregar e se equilibrar no barro que se formava quando chovia, visitar a Rádio Tupi, onde seu futuro cunhado Maurício era locutor, e ouvir o saxofone do Brandão, o namoro ia evoluindo. As idas à Rádio Tupi foram muitas, ao longo de vários anos. Inezita lembra seu deslumbramento com astros e estrelas de então — Hebe Camargo já era uma delas — e de ficar assistindo aos programas escondida, por julgar que sua roupa não condizia com as toaletes chiques que eram obrigatórias no auditório. Foi lá que viu nascer a dupla Tonico e Tinoco e se deslumbrou com a figura do Tonico. Aquele filho de espanhóis, cara quadra-

• TEATRO BELA VISTA •

SÃO PAULO, 26 NOVEMBRO DE 1956, ÀS 21 HORAS

★ **INEZITA BARROSO** ★
E OS
★ **JOGRAIS DE SÃO PAULO** ★

apresentam
RITMOS E CÔRES
(CANÇÕES, POESIAS E PROJEÇÕES)

programa
PRIMEIRA PARTE
1 - ABERTURA
2 - TERRA À VISTA
3 - ANCHIETA
4 - SUITE DOS PÁSSAROS
5 - CICLO NEGRO
6 - A TODO VAPOR
7 - RECIFE, SEMPRE RECIFE

intervalo
SEGUNDA PARTE
8 - SEGUNDO IMPÉRIO
9 - MARACATU
10 - CANTAR OU DIZER?
11 - MOMO COROADO
12 - SE SÃO SAPOS, QUE SE ENTENDAM
13 - ETERNO MAR

JOGRAIS DE SÃO PAULO: Direção: **RUY AFFONSO** Integrantes: - Armando Bogus, Felipe Wagner, Maurício Barroso e Ruy Affonso. Slides coloridos de **DURVAL ROSA BORGES** Roteiro de **RUY AFFONSO**.

Espetáculo reunindo Inezita Barroso e os Jograis de São Paulo, grupo que contava com Ruy Affonso e o cunhado da cantora, Maurício Barroso, e teve diferentes formações em sua carreira, incluindo Carlos Vergueiro, Raul Cortez e Felipe Wagner.

Abaixo: Armando Bogus, Inezita, Rubens de Falco, Maurício Barroso (atrás, à direita) e Ruy Affonso (sentado), em 1957.

da, magro, alto, e ainda por cima tocando viola, ficou marcado para sempre no imaginário da mocinha, que viria a se tornar uma grande amiga dele e de Tinoco. Todos os domingos ela ia assistir aos programas da dupla e frequentava também o lendário programa infanto-juvenil Clube Papai Noel, onde conheceu Alda Perdigão, Wilma Bentivegna e outras que depois se tornariam suas colegas na Rádio Record.

Naquele momento, a jovem sapeca nem sequer imaginava que um dia seria cantora e influiria notavelmente na cultura brasileira. Foi nessa época que aconteceu um incidente engraçado, até hoje lembrado com risos pelos antigos funcionários da então Cidade do Rádio.

Um dos grandes cartazes vocais da época era o internacional cantor mexicano Pedro Vargas. Contratado em 1951 para uma temporada na Rádio Tupi, ele revolucionou a provinciana São Paulo de então. As mulheres preparavam suas toaletes, os homens seus melhores ternos, todos aguardando ansiosos a estreia do cantor. Na rádio, os preparativos eram tão ou mais intensos.

O famoso auditório do Alto do Sumaré, decorado com pinturas de Portinari nas paredes, com poltronas confortáveis para os assistentes, acústica perfeita, tinha um recurso até então jamais usado. Em seu teto havia um enorme ventilador embutido que nunca fora acionado, já que a temperatura ambiente era sempre adequada. Mas algum gênio de plantão achou que seria de bom-tom uma brisa percorrer o local quando da entrada triunfal de Pedro Vargas no palco. Algo como uma lufada tropical para enfatizar o momento. Seria acionado então o enorme ventilador.

Tudo pronto, auditório lotado, joias, penteados, casacos de pele por todos os lados, quando o locutor Homero Silva anuncia com toda pompa a entrada de Pedro Vargas e a orquestra ataca a canção "Vereda Tropical" — nada mais apropriado para a brisa que viria do teto. Quando o contrarregra acionou o ventilador, a comédia se iniciou.

Ninguém lembrara que a engenhoca nunca tinha sido usada, nem testada. Quando Pedro Vargas iniciou — "*Voy por la vereda tropical/ la noche plena de quietud...*" —, um estranho acompanhamento surgiu do teto, abafando o som da orquestra. Rum-room-rasp-room, o motor tossindo, engasgando, a velocidade das pás aumentando gradativamente e criando uma chuva de poeira, teias de aranha, baratas e ratos mortos que se despejava sobre a seleta plateia, que tratou de correr e se livrar da tormenta que descia dos céus como uma praga bíblica. Muita gente fugiu para a rua, foi embora, e foi um custo para as coisas voltarem ao normal.

A coluna "Buraco da Fechadura" da *Revista do Rádio*,
em 23 de junho de 1956, dedicada a Inezita.

E os queridos ouvintes, em suas casas, não imaginavam a tragicomédia que se desenrolou na apresentação internacional...

Depois de formada, Inezita estava pronta para dar um novo passo. A jovem biblioteconomista casou-se no dia 23 de setembro de 1947 na mesma igreja em que havia sido Filha de Maria (lembram das "aprontações" nas procissões?) e integrante do coro. Lá também teve de frequentar os cursos de economia doméstica — ministrados em todas as paróquias, um verdadeiro vestibular para dona de casa. Já era diplomada na arte de cuidar de nenês, em cursos obrigatórios na Escola Caetano de Campos. Antes, porém, de entrar na nave central da Igreja de Santa Cecília com um vestido que encheu de inveja todas as amigas casadoiras, Inezita provou que aos 22 anos de idade continuava a mesma moleca de sempre:

"Entre meus amigos de futebol, de empinar pipa e de andar de bicicleta, existia um simpático negrinho chamado Orlando Silva, que depois virou um perigoso bandido. Mas no dia do meu casamento — ele tinha oito ou nove anos —, Orlando foi lá em casa me convidar para jogar bolinha de gude. Não recusei o convite e fomos para a rua fazer os buracos na terra e disputar a partida.

Uma vizinha italiana, daquelas de novela, ficou louca ao me ver ajoelhada na terra, no dia do meu casamento: '*Chi è quello, Dio santo?*'. Era a noiva jogando bolinha de gude pouco antes do altar."

Depois da cerimônia e da recepção, o casal partiu para a tradicional lua de mel no Guarujá, destino obrigatório na época para "casais em ascensão". A noiva amava ir à praia, ainda mais em plena temporada, com a cidade cheia de amigos. Mas o casal resolveu diversificar e passar a parte final da lua de mel em Campos do Jordão, trocando o mar pela montanha:

"Detestei. Aquela solidão imensa, parecia que só havia nós dois na cidade inteira. Ficamos no hotel Toriba, que, ao lado do Grande Hotel, era o que havia na época, e olhe que nenhum

Na Rádio Nacional de São Paulo, em 1953, Inezita pôde conviver com várias das artistas que admirava na juventude, como Hebe Camargo, Tônia Carrero e Emilinha.

Sarau de Inezita com o marido Adolfo Barroso (no centro) e Sérgio Milliet (à direita), entre outros, em 1951.

dos dois era lá essas coisas. Ninguém falava português, só alemão, e ficamos cada vez mais perdidos. Era tomar um licorzinho, um chá à tarde, andar a cavalo num frio danado e ouvir alemão por toda parte. Ironicamente, quem nos socorreu foi um japonês que era *maître* do restaurante do hotel. Ficamos muito amigos, jantávamos e íamos para a casa dele. Uma delícia, um pedaço do Japão, com suas gravuras, as cerejeiras no jardim, as fotos que ele mostrava de sua terra. Fora isso, era uma chatura só."

Casada, a vida continuou uma festa para Inezita. Os pombinhos foram morar na casa dos pais de Adolfo, na rua Poconé. A família era muito musical e de imediato todos se entrosaram. Os sogros gostavam tanto de música que foi criada uma tradição semanal na casa do Sumaré. As reuniões que ali aconteciam nas tardes de sábado eram um desfile de astros e estrelas de rádio e teatro. Era comum se cruzarem nos salões da grande casa nomes como os do diretor Ziembinski, da atriz Tônia Carrero, dos atores Paulo Autran, Alberto Ruschel (com seu irmão Paulo) e Renato Consorte, os mais chegados. E a estudantada toda, com tamborins, violões, pandeiros, bandolins, cavaquinhos.

Em 12 de dezembro de 1949, nasceu a única filha do casal, Marta. Inezita nunca fez o estilo mãezona: nada de ficar mimando criança à toa ou de ficar inventando brincadeira dentro de casa. A infância de Marta foi bem livre. A menina brincava muito com os bichos e passarinhos da mãe. Depois, quando Inezita mudou para uma casa com piscina e quintal grande, a menina fez a festa. Não por acaso, depois de adulta foi morar em Campos do Jordão, "no meio do mato", com muitos cachorros e passarinhos soltos.

Como veremos mais adiante, Inezita logo provou que tinha talento não só para embalar rodas de choro, mas para ser uma profissional da música. Seus pais não aceitaram muito bem a decisão, e as tias carolas ficaram alvoroçadas, mas a família do marido deu o maior incentivo. Em pouco tempo, Inezita começou a contribuir cada vez mais com a renda da família. Mesmo com toda a boemia da época, ela tinha pique para cumprir todas as suas obrigações — pique, aliás, que ela mantém até hoje. Já Adolfo...

Inezita sempre foi independente, e seu marido nunca tentou tolher a sua liberdade. Porém, num relacionamento entre iguais, como ela que-

Inezita e a filha Marta em desfile de moda da Clipper, em 1957.

ria, autonomia tem de ser para os dois. Inezita não havia nascido para ser babá nem motorista particular de ninguém. Assim, o casamento de Inezita acabou sem grandes traumas, em 1956. Inezita não quis nada, apenas a guarda da filha. Quem sofreu mais com o desquite foram seus sogros, pois os avós temiam que a neta Marta não mais tivesse contato com eles.

O sogro era um cearense bastante arretado, mas dedicava especial carinho à nora e relutou em aceitar a separação, mesmo porque estava com a saúde muito abalada e queria a presença constante da neta. Na época, as mulheres precisavam pedir autorização para continuar usando o sobrenome da família do marido após um desquite. Isso era essencial para a carreira de Inezita, e seu sogro fez questão de que ela mantivesse o Barroso. Ele dizia ter orgulho de ver seu sobrenome conhecido por todo Brasil. Até o fim da vida ele nunca aceitou muito bem o segundo casamento de Adolfo. A sogra de Inezita era muito carinhosa e guardava boas lembranças do tempo em que a nora morou em sua casa. Bastante rija, ela viveu muito tempo ainda, chegando a mais de noventa anos de idade.

Um pouco depois da separação, Adolfo se mudou para Santos. Depois, já com a nova esposa e os filhos dela, foi ao Rio de Janeiro. Quando ele voltava a São Paulo para eventos de família, como a primeira comunhão de uma neta, por exemplo, acabava encontrando Inezita e combinava um jantar. Como certas coisas não passam com a idade, os dois ficavam até altas horas tomando cerveja e relembrando os tempos áureos das noitadas da década de 1950.

Para os jovens de hoje o divórcio pode ser a coisa mais normal do mundo, mas naquela época ser uma mulher desquitada não era fácil. Inezita não só era desquitada, como fumava, dirigia, gostava de sair à noite e ainda por cima se sustentava sozinha! Nem todos achavam aquilo normal, mas no meio artístico essas coisas eram mais bem aceitas. Ainda assim, Inezita reclama muito das amizades que se distanciaram depois de sua separação. Poucos eram os que ligavam para perguntar se estava tudo bem com ela ou para acompanhá-la a uma festa — homens e mulheres.

As fofocas, então, surgiam a todo momento. Pouco depois do desquite, começou um ti-ti-ti que Inezita estaria saindo com um fazendeiro riquíssimo e muito mais velho que ela. Um dia, Adolfo encontrou um casal de amigos em um bar, e eles foram logo semear a discórdia: "Adolfo, você soube da Inezita? Anda para cima e para baixo com um velhote fazendeiro, um milionário. Mal se separou e já está assim, veja se pode?". Adolfo, que não era bobo e adorava tirar um sarro, foi dando corda para o casal. Perguntou como era o tal senhor, o que ele fazia, com que carro andava. Então, ele se fez de surpreso e respondeu: "Ah, já sei quem é! É o meu sogro, oras!".

Quando perguntam a Inezita se não pensou em casar novamente, a resposta é imediata:

A força das mulheres: Inezita, a filha Marta e as netas
Cristina, Paula e Fernanda, no Natal de 1998.

"Tá louco? Fiquei com medo. Se com quatro anos de namoro, mais noivado e casamento, não deu certo, eu tinha medo de quebrar a cara novamente. Como na época ser desquitada era como um estigma, tinha de redobrar o cuidado com o comportamento para não 'ficar falada'. Foi difícil, muito difícil. Mas, na ordem natural das coisas, a vida foi andando e tudo entrou na normalidade."

Assim mesmo, Inezita formou uma linda família, e sua filha Marta lhe deu três belas netas, Paula, Cristina e Fernanda. Em 2013, no aniversário de 88 anos da cantora, elas lhe fizeram uma emocionante homenagem no programa *Viola, Minha Viola*, da TV Cultura, que incluiu até a participação dos bisnetos Fernando, Luana, Manuela, Felipe e Caio.

MARAVILHOSOS
"SHOW-BAILE"

O maior e melhor «SHOW» até hoje realizado em França
Fecho de ouro das festas de aniversario da A. A. Françana

SABADO E DOMINGO
DIAS 30 e 31 DE OUTUBRO

Desfilarão pela «BOITE» os admirados cartazes do Rádio Paulista:

MIRIS DE OLIVEIRA
a mais linda voz da Rádio Bandeirante.

GILBERTO ALVES
o querido cantor paulista.

VICENTE DE PAULA NETTO
Animador e humorista.

VICENTE LEPORACE
Piadas e paródias.

FARID RISBALLAH
Elegante e fino humorista.

CARMELO ROSSI
Famoso pianista.

e... depois o «SHOW» universitário com:

RENATO CONSORTE — Canções internacionais.

SERGIO MARAGLIANO — Sambas esterilizados.

ALFREDO BRASIL — Sambas de breque.

e... tem mais:

Sólos instrumentais-Sexteto humorístico-Conjunto de ritmo-Conjunto regional

e... ainda a apresentação de:

INEZITA BARROSO
FAMOSA FOLCLORISTA BRASILEIRA
que acompanhará suas próprias canções no seu mavioso violão.

O MAIOR ACONTECIMENTO SOCIAL E ARTISTICO DÊSTES ULTIMOS
TEMPOS! — Um presente de aniversário da A. A. Francana às exmas. famílias e esportistas de toda a região.

A caravana artística chegará de São Paulo sábado,
às 13,40 horas, em avião especial «Douglas», da VASP.

Mesas, $ 100,00 - Entradas, $ 10,00 - Meias entradas, $ 5,00
Reserva de mesas nos bares SANTA MARIA e INDIANO - fones 95 - 382 -17

Faça de sua vida um sorriso permanente, passando horas
de alegria em ambiente seleto e distinto, na «BOITE» da
Francana, assistindo o maior «SHOW» de todos os tempos.

"Caravana artística" dos estudantes do Centro Acadêmico XI de Agosto
no interior de São Paulo, incluindo Inezita Barroso, em 1948.

6.
INEZITA E A NOITE

Enquanto durou, o casamento de Inezita teve momentos muito felizes. O círculo de amigos dela e de Adolfo era muito animado: eram os verdadeiros reis da boemia da época. Eram todos jovens, universitários ou recém-formados e amantes da boa música. Aos sábados, a lei era reunir a turma do XI de Agosto (mais Paulo Vanzolini, que estudava medicina) na casa dos Barroso. Os amigos pediam uma pizza, compravam cerveja e se embalavam no chorinho. Algumas vezes, até saíam a pé pelo bairro, fazendo serenata até altas horas. Inezita abre um grande sorriso para falar desses encontros: "Era muito gostoso. Era um tipo de música lindo, na época estava em voga tocar Noel Rosa, Ary Barroso, grandes compositores".

Ela lembra com carinho de Sebastião Leporace, mais conhecido como Tonico, irmão do grande radialista Vicente Leporace. Tonico tocava violão como ninguém, mas casou-se com uma mulher muito rigorosa, que acreditava que aquela vida boemia era coisa de vagabundo. Ela acabou botando o marido na linha. "Ele virou bancário, só faltava chorar", conta Inezita, rindo.

Os Leporace sempre levavam junto Túlio Tavares, um pianista um pouco mais velho e já formado. Túlio trazia uma novidade toda semana, em geral um samba novo do Rio de Janeiro, que na hora era aprendido. Foi ele quem traduziu para a partitura os grunhidos de Paulo Vanzolini que viriam a se tornar um grande clássico da nossa música: "Ronda". Vanzolini jamais leu música, compunha murmurando as melodias. Túlio dizia que a música era linda, mas estava toda quebrada, e que daria um jeito naquilo. "Tanto deu", lembra Inezita, "que, tempos depois, em 1953, quando fui convidada a gravar um dos meus primeiros discos pela gravadora RCA Victor, escolhemos 'Ronda' para o lado B do 78 rotações que lançou junto com ela a 'Moda da Pinga'".

Outro frequentador das reuniões sabatinas era o humorista Pagano Sobrinho, que fazia um humor fino, intelectualizado, e talvez por isso um pouco complicado para os menos inteligentes. Ele tinha sua definição própria do assunto e dizia que "humor é fazer cócegas no cérebro". Pois de tanto fazer as tais cócegas cerebrais em uma reunião, acabou por antecipar o nascimento de Marta. É verdade que Inezita estava às vésperas de dar à luz, mas o momento — dezembro de 1949 — foi precipitado pela crise de riso provocada pelas histórias de Pagano.

As reuniões dos amigos não se limitavam à casa do Sumaré. Inezita Barroso e seus amigos adoravam teatro. Junto com Paulo Autran, Inezita escreveu uma peça teatral, que teve uma apresentação amadora:

> "Como Inezita sempre foi muito versátil, escreveu comigo uma peça chamada *Pedro Esperto*. Eu fazia o Pedro, e ela, todos os demais personagens: a mocinha, a onça etc. Ficamos em cartaz apenas uma noite, no Natal de 1948, em um clube, mas foi um grande sucesso e uma terna lembrança."

Em pouco tempo, o talento de Autran conquistou Franco Zampari, fundador do Teatro Brasileiro de Comédia, o TBC. Renato Consorte foi outro que se profissionalizou nas artes cênicas graças às reuniões do grupinho:

> "O Paulo Vanzolini também era da turma, e eu montava os monólogos que ele escrevia, mas tudo de um jeito meio irresponsável, nada profissional. Um dia o Paulo Autran estava no Teatro Brasileiro de Comédia, ensaiando a peça *A Noite de Dezesseis de Janeiro*, e me fez um convite. Um dos atores teve de se mudar para o Rio de Janeiro, e ele me perguntou se eu não queria fazer um teste para assumir o papel. Fui aprovado e isso mudou minha vida, virei ator profissional."

Os amigos cresciam na vida, e o grupo começou a juntar cada vez mais gente. Houve espaço até para coincidências: Vanzolini casou-se com Ilze, que havia sido colega de Inezita no Caetano de Campos durante o ginásio. Os artistas do TBC também eram presença constante: Cacilda Becker e Ziembinski, a grande atriz e o grande diretor da época, batiam cartão na casa de Inezita. Ela, aliás, acompanhou o Teatro Brasileiro de Comédia dos primórdios até a consagração. Inezita viu a planta de reforma do prédio que viria a se tornar sede do TBC, na rua Major Diogo. As

Paulo Autran, Inezita Barroso e Renato Consorte
em Itanhaém, SP, em 11 de junho de 1949.

reuniões na casa do dramaturgo Abílio Pereira de Almeida eram muito animadas, e cada passo da crescente companhia teatral era celebrado lá. E a história se repetiu depois com o surgimento da companhia de cinema Vera Cruz, também fundada por Franco Zampari. (Coincidência ou não, trinta anos depois, Inezita apresentaria o programa *Viola, Minha Viola*, da TV Cultura, em um teatro de nome... Franco Zampari.)

Em 1948 ficou pronta a sede do teatro, e no ano seguinte a companhia se profissionalizou nas mãos de seu então recém-contratado diretor artístico, o italiano Adolfo Celi.

> "A gente ia todas as noites ao TBC, porque meu cunhado era ator lá, o Maurício Barroso. Era o tempo da Cacilda Becker, do Ziembinski. Foi lindo aquilo, porque é um tipo de teatro sério, encenavam Pirandello. Eles queriam que fosse naquele estilo, porque tinha muito teatro de revista, musical, mas teatro sério, pesado, só tinha quando vinha grupo de fora. E o TBC foi pioneiro em formar um repertório. Cada estreia de peça era uma coisa chiquérrima, ia todo mundo da sociedade. Era muito interessante, a gente não podia sair de lá. Às vezes a gente estava em casa e de repente dizia: 'Ah, vamos lá, vamos no TBC'. Era quase toda noite. Eu sabia de cor grandes cenas das peças, de tanto que tinha visto."

Colado ao TBC havia o Nick Bar, destino obrigatório após as apresentações. O grande pianista italiano Enrico Simonetti fez história nas noites lotadas do Nick — ele e o famoso picadinho. A ligação entre o teatro e o bar era tão íntima que existia até uma comunicação interna entre eles. O nome, aliás, foi inspirado na primeira peça apresentada profissionalmente pela companhia teatral, *Nick Bar... Álcool, Brinquedos, Ambições*, de William Saroyan (*The Time of Our Life*, no original), que estreou em 8 de junho de 1949. O elenco era composto por Cacilda Becker, Maurício Barroso e os Jograis de São Paulo, entre outros, e a direção era de Adolfo Celi.

Os Jograis, aliás, eram companhia constante de Inezita nos recitais que ela fez no TBC, ainda antes de se profissionalizar. Como às segundas-feiras não havia apresentação de peças, o palco do teatro era ocupado por recitais e apresentações de quartetos de cordas. Mestres vindos da Europa cuidavam da iluminação, da cenografia, do som, tudo de primei-

Inezita, Mary Diener (no centro) e Paulo Autran, entre outros, no Nick Bar, vizinho ao Teatro Brasileiro de Comédia, em 1949.

Inezita, a cunhada Mariana, a prima Suzana Pereira Barreto e Adolfo na estreia da peça *Seis Personagens à Procura de um Autor*, de Pirandello, no TBC, em 1951.

ra qualidade. Mas que não se imagine um grande aparato de fios e caixas de som: "Não tinha microfone, não! Eles só usavam biombos, para criar os efeitos de acústica", conta Inezita.

Ela também fez algumas participações especiais em peças do TBC, sempre como cantora, pois não se reconhecia atriz de palco. A mais marcante foi a montagem de *O Homem da Flor na Boca*, do grande autor italiano Luigi Pirandello, protagonizada por Sérgio Cardoso, que estreou em 4 de setembro de 1950.

Um daqueles recitais rendeu um episódio divertido. Corria o ano de 1953, o Teatro Brasileiro de Comédia já era badaladíssimo. A apresentação de Inezita Barroso contava com direção e iluminação de Ziembinski; os cenários eram de Carmélio Cruz, então o cenógrafo mais requisitado do Brasil:

> "O palco estava uma beleza. O público, o mais seleto possível: homens de terno, madames de vestidos longos. O cenário do Carmélio incluía uma porteira no fundo do palco e, amarrada nela, uma caveira de boi (talvez fosse até de burro...). Comecei a cantar no maior clima e, de repente, arrebenta uma corda do meu violão. Peço licença, vou à coxia e troco a corda. Recomeço a cantar, e lá se vai outra corda. Novo pedido de desculpas, corda nova providenciada. Pois não é que quebrou outra vez? O público já ria com a situação, quando quebrou a quarta corda. Não tive dúvida: fui até a porteira, arranquei a tal caveira e joguei fora. Daí para frente tudo correu normalmente. Por isso é que acho que a caveira era de burro..."

O TBC era o centro da vida artística paulistana, assim como o Nick Bar era o centro da vida noturna. Artistas estrangeiros que vinham ao Brasil se apresentar no Teatro Municipal obrigatoriamente passavam depois na rua Major Diogo. A atriz Ruth de Souza, grande amiga que Inezita fez nessa época, lembra da admiração que os recitais da cantora despertaram em astros como o italiano Vittorio Gassman e o francês Jean-Louis Barrault. Paulo Autran conta que Inezita chegou a rejeitar convites para fazer turnês na Europa:

> "Quando o Vittorio Gassman esteve aqui e fez amizade conosco, Inezita cantou para ele, que queria levá-la para se

A SOCIEDADE BRASILEIRA DE COMÉDIA
APRESENTA

O TEATRO DA SEGUNDA-FEIRA

Organizado por Guilherme de Almeida e Luciano Salce, nas peças em um ato

O HOMEM DA FLÔR NA BOCA

(L'uomo dal fiore in bocca)
de
LUIGI PIRANDELLO
Tradução de **Adacto Filho**
sendo, por ordem de entrada em cena

O homem da flôr na boca	Sérgio Cardoso
O pacato freguês	Glauco de Divitis
A mulher	Marina Freire

Acompanhamento de violão por **Inezita Barroso**
Cenário de **Joseph Guerreiro**

Convite para a peça O Homem da Flor na Boca, de Pirandello,
encenada no Teatro Brasileiro de Comédia em 1950
com a participação de Inezita Barroso.

Recital de Inezita no Teatro Brasileiro de Comédia, em 1953,
com direção de Ziembinski e cenários de Carmélio Cruz.

apresentar na Europa, estreando em Roma e percorrendo depois toda a Itália e outros países. Mas Inezita disse que só iria se a família inteira fosse junto, o que inviabilizou o projeto. Foi a segunda vez que se recusou a virar nome internacional, pois o grande ator francês Jean-Louis Barrault queria por força levá-la a Paris, onde garantia fazer dela uma estrela. Mas não houve jeito de convencê-la a viajar sem a família."

Além da Europa, Inezita Barroso também teve vários convites para se apresentar nos Estados Unidos. O ator Walter Pidgeon, por exemplo, ao vê-la se apresentar no Festival de Cinema de Punta del Este, em 1955, se encantou com Inezita. Vários jornais brasileiros, inclusive, chegaram a noticiar a ida da cantora para Hollywood, a convite do ator, para se apresentar nos *night-clubs* mais famosos da Sunset Boulevard, como o Ciro's e o Mocambo. Harry Stone, o poderoso representante da Motion Pictures Association na América Latina, também teria declarado o interesse de levar a artista para atuar no cinema americano. No entanto, mais uma vez as raízes brasileiras de Inezita falaram mais forte.

Outro lugar onde Inezita bateu cartão foi o Clubinho dos Artistas (Clube dos Artistas e Amigos da Arte), centro de intelectuais, arquitetos, jornalistas e artistas plásticos da época. O clube funcionava no porão do Edifício Esther, na esquina da rua Bento Freitas com a Sete de Abril. A Praça da República estava no auge do *glamour*, e o Esther era um marco histórico do modernismo brasileiro — era residência para artistas como Di Cavalcanti e abrigava muitos escritórios, como o do Instituto de Arquitetos do Brasil.

Depois, com a construção da sede do IAB na rua Bento Freitas, o Clubinho foi transferido, e em seu antigo local foi montada a também histórica boate Oásis. Mesmo com a mudança, o Clubinho manteve sua importância na noite da Pauliceia. Além dos arquitetos, era o bar favorito dos jornalistas, pois os grandes jornais da época ficavam na região.

As conversas dos boêmios eram embaladas pelo pianista Paulo Gontijo de Carvalho, o Polera, irmão do compositor Joubert de Carvalho. Certa vez, Inezita apresentava um recital no Clubinho e entoou um grande clássico da música caipira, "Tristeza do Jeca". A performance causou comoção geral, especialmente em um senhor da plateia. Era Angelino de Oliveira, o compositor da canção. Ele depois foi cumprimentar a jovem cantora, que não o conhecia pessoalmente.

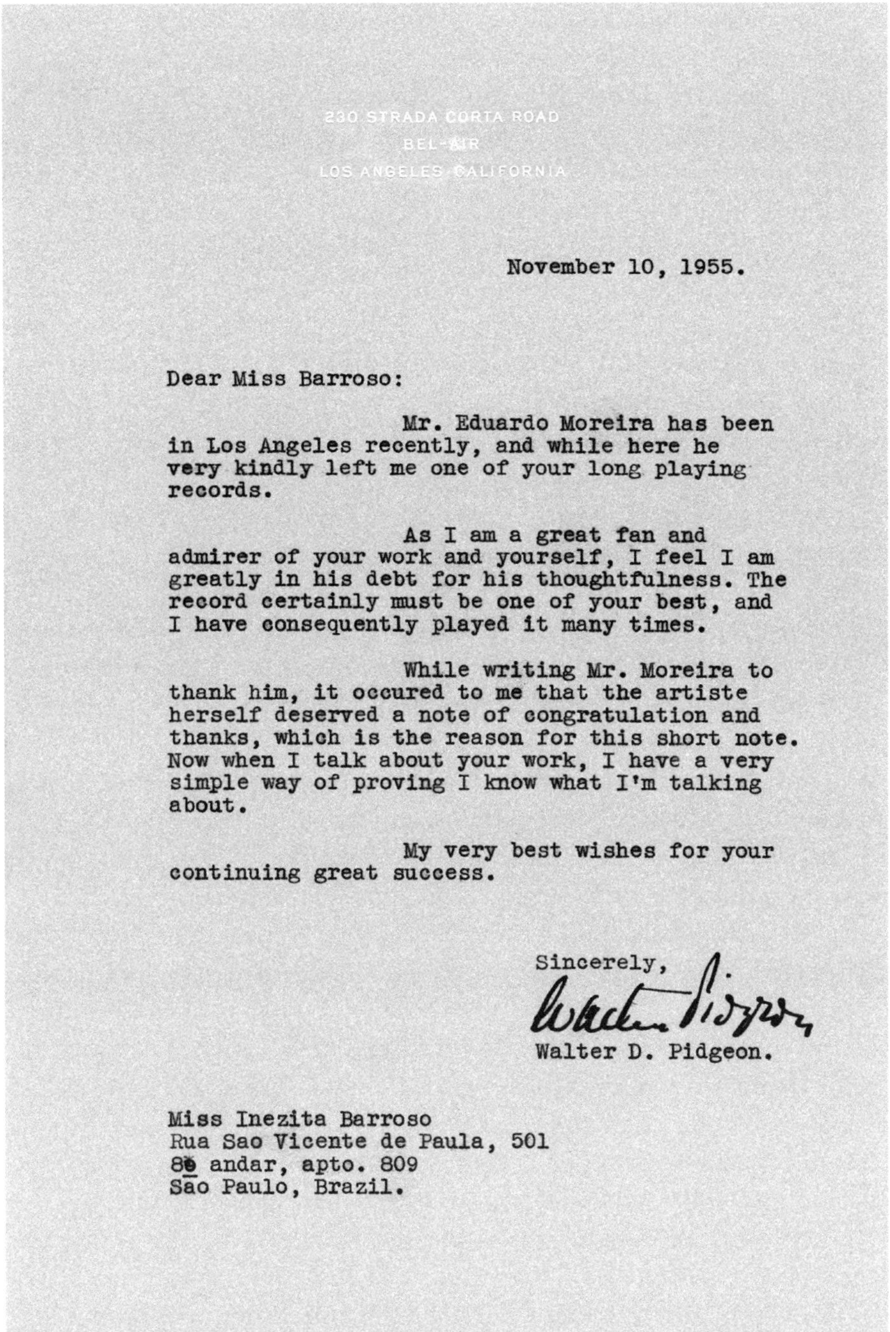

230 STRADA CORTA ROAD
BEL-AIR
LOS ANGELES CALIFORNIA

November 10, 1955.

Dear Miss Barroso:

Mr. Eduardo Moreira has been in Los Angeles recently, and while here he very kindly left me one of your long playing records.

As I am a great fan and admirer of your work and yourself, I feel I am greatly in his debt for his thoughtfulness. The record certainly must be one of your best, and I have consequently played it many times.

While writing Mr. Moreira to thank him, it occured to me that the artiste herself deserved a note of congratulation and thanks, which is the reason for this short note. Now when I talk about your work, I have a very simple way of proving I know what I'm talking about.

My very best wishes for your continuing great success.

Sincerely,

Walter D. Pidgeon.

Miss Inezita Barroso
Rua Sao Vicente de Paula, 501
8º andar, apto. 809
Sao Paulo, Brazil.

Carta do ator Walter Pidgeon a Inezita Barroso, em que ele menciona o produtor Eduardo Moreira e elogia o último LP da cantora.

Foi também no Clubinho que Inezita conheceu a maior fadista de todos os tempos, Amália Rodrigues, e a cantora italiana Caterina Valente, então em início de carreira. Amália se tornou muito amiga de Inezita, assim como Dina Teresa, a cantora e atriz portuguesa conhecida por ter atuado no filme *A Severa*, de 1931.

Outro local muito frequentado por Inezita era o Gigetto, restaurante que resiste bravamente ao tempo na rua Avanhandava. Na época, ele ficava a poucas quadras dali, em frente ao Teatro Cultura Artística, na rua Nestor Pestana. O Gigetto foi, por décadas, o ponto de encontro dos músicos e cantores de ópera do Teatro Municipal. Inezita e seus amigos também aprontaram muito por lá, como na vez em que o tenor italiano Beniamino Gigli — considerado o sucessor de Enrico Caruso — veio ao Brasil pela última vez, em 1951.

Beniamino apresentou a famosa ópera *I Pagliacci* (*Os Palhaços*), de Ruggero Leoncavallo, e foi ovacionado. O público implorou, e o rechonchudo tenor teve de bisar a ária "Vesti la giubba (Ridi, pagliaccio)". Logo correu o boato de que Gigli iria jantar no Gigetto após a apresentação — e lá foram Inezita e sua turma ver de perto o cantor. Oito pessoas entraram no pequeno Ford de Inezita — parecia um legítimo carro de palhaços de circo, uma "espremeção" só.

Quando Gigli chegou, rodeado por um séquito, os fãs já estavam lá esperando. Apesar da apresentação, o italiano não parecia nem um pouco cansado. Logo chegou um garçom com um balde de prata lotado de gelo, cheio de garrafas de cerveja. Beniamino bebeu uma cerveja atrás da outra, e sua voz continuava impecável. Paulo Autran decidiu tirar um sarro com a amiga, que só bebia cerveja e uísque sem gelo para não estragar a voz: "Vê como você é fresca? Não toma nada gelado, e o maior cantor do mundo está tomando à vontade, olhe lá". Inezita não teve dúvidas: chamou o garçom e pediu para ele trazer uma cerveja estalando de gelada. Ela ficou muda depois de dois goles. Foi quase uma semana inteira sem voz. Sessenta anos depois, seu gosto pela cerveja e pelo uísque continua vivo — desde que a bebida esteja na temperatura ambiente.

Mas a grande casa de Inezita Barroso na noite paulistana foi o restaurante Parreirinha. Até o fechamento da casa, em 2001, foram centenas de madrugadas passadas no estabelecimento dos gêmeos Miro e Mário. O Parreirinha funcionou até 1965 na rua Conselheiro Nébias; depois, foi para a avenida Ipiranga, onde ficou até 1978; seu último endereço foi a rua General Jardim, na Vila Buarque, onde funcionava 24

Inezita Barroso e a cantora e atriz portuguesa Dina Teresa,
em 20 de agosto de 1953.

Encontro com a cantora franco-italiana Caterina Valente no Clubinho
(Clube dos Artistas e Amigos da Arte) em 1961.

Inezita Barroso em 1954.

horas por dia. A porta de aço até emperrou quando o restaurante foi fechado, por causa das décadas em que não saiu do lugar.

Inezita era tão assídua do Parreirinha que possuía uma cadeira de veludo vermelho com o nome dela bordado a ouro e o número 23. Outros frequentadores do local eram o cronista Lourenço Diaféria e os cantores cariocas Jamelão e Paulinho da Viola, que sempre passavam por lá quando estavam em São Paulo. Também era um ponto de encontro de atores, em especial dos que se apresentavam no vizinho teatro da Aliança Francesa.

A cantora tinha mais amizade com Miro — responsável pelo turno da noite, corintiano roxo como ela. Depois que Inezita passou a morar sozinha, ele sempre mandava um táxi para levá-la até lá. "Ele sempre dizia: 'Como assim, vai sair sozinha à noite?'. Era muito cavalheiro", lembra ela. Quando um grupo de *habitués* se reunia no Parreirinha, Miro encomendava um prato especial para a "diretoria". "Ele sempre dizia que era surpresa, e sempre servia o mesmo prato: bacalhau com arroz. A gente morria de comer aquilo, era divino."

Inezita mereceu outra homenagem dos donos do restaurante:

"Quando fui a Portugal, comi uma rã grelhada, e eles faziam a rã à dorê. Eu falei para eles tentarem fazer a rã daquele jeito, arrumar uma grelha, fazer um molhinho com alho e sal. Como fez sucesso o diabo dessa rã, acabou virando 'Rã à Inezita Barroso'. E toda noite a gente comia rã.

É... São muitas lembranças. O Parreirinha faz falta. Parece que a noite paulistana perdeu um pouco do seu brilho, ficou mais curta. Mando um grande abraço ao Miro, ao Mário e ao Synésio."

Depois que o Parreirinha fechou suas portas, Inezita não teve mais um pouso fixo, frequentando vários restaurantes e sendo sempre recebida neles como uma rainha, uma atração à parte. "Depois o Gigetto mudou para a Avanhandava, onde era o bar Jogral. Eu continuo indo lá, depois de voltar da faculdade na Mooca". Hoje, Inezita diz não sair muito de casa à noite. São Paulo não é mais a mesma dos anos 1950, e andar à noite na rua não é mais tão seguro.

Recital das alunas de Mary Buarque no Teatro Municipal de Campinas, SP, em 9 de junho de 1934: Inezita (Ignezita S. Aranha de Lima) apresentava "O gatinho", uma música infantil, e "Batuque", de Marcelo Tupinambá.

7.
ENCANTANDO MULTIDÕES

O palco sempre esteve na vida de Inezita, mesmo quando, oficialmente, ela ainda era Ignezita. Não seria preciso chamar uma vidente para prever que a menininha que se escondia atrás do violão nos recitais dos clubes, nas festas das escolas, nas reuniões de família, no convívio — e aprendizado — com os violeiros nas fazendas da infância se tornaria artista no futuro.

Como vimos, seu primeiro tablado foi a enorme mesa da sala de jantar do avô, a que logo se seguiram os palcos beneficentes. Às primeiras apresentações pela mão de Mary Buarque ou do próprio pai, com o tempo se sucederam incursões independentes, sobretudo na Rádio Kosmos. Ficava cada dia mais claro que Inezita estava definitivamente encaminhada a ser uma cantora profissional.

Tudo ia bem até os treze anos, quando Olyntho Ayres de Lima "estrilou". Não queria artista de palco em casa e, apesar dos protestos da filha, determinou: "Vai estudar piano sério". E toca a se enfronhar nas coisas de harmonia, música, teoria. Três cursos da maior seriedade, todos com professores particulares, transformaram a adolescente em ótima pianista — apta a ganhar seu dinheirinho desde cedo.

Como Mary Buarque a havia ensinado muito bem, ainda na adolescência Inezita tornou-se professora do instrumento. Além das aulas em sua casa, lecionava em domicílio, um esquema profissional de música e canto. Era de se ver a professorinha indo às casas das alunas em sua bicicleta. Uma delas, que se lembra muito bem dos métodos pedagógicos da professora, é a hoje consagrada atriz de televisão Eva Wilma, sua contemporânea na Escola Caetano de Campos.

Muito tempo depois, nos anos 1960, Inezita abriu seu próprio conservatório, que não chegou a durar muito — transformou-se em um restaurante típico. A Casa da Inezita fez com seus pratos saborosos o sucesso não conseguido pelo piano do conservatório. Mas isso é história para logo mais.

Ignez, Ignezita ou Inezita? O fato de ter o mesmo nome de sua mãe resultou em algumas histórias curiosas. Quando da morte de dona Ignez Aranha de Lima, em 16 de maio de 1992, foi publicada uma pequena nota nos obituários dos jornais, o que provocou a ira do crítico de música erudita do jornal O *Estado de S. Paulo*, J. J. de Moraes. Ele bradou que era uma injustiça passar em brancas nuvens a morte de uma das mais importantes cantoras do Brasil. Em vez de darem seu nome a uma rua, de lhe prestarem as devidas homenagens, a morte de Inezita Barroso teria passado praticamente em branco. Inezita considera esse texto um dos mais bonitos que escreveram sobre ela e sua carreira.

Como vocês lembram, mãe e filha eram quase homônimas, o que causou o engano do crítico, engano que repercutiu no Brasil inteiro. Inezita em casa, de manhã cedinho o telefone tocou: "Quem fala?". "Eu, Inezita." Ficou tudo quieto do lado de lá, tudo mudo, e Inezita, pensando que era engano ou trote, desligou. Uns vinte minutos depois, a mulher do seu amigo pernambucano Durval Rosa Borges, que tanto a ajudou no início da carreira, liga do Recife: "Quase que você mata o Durval. Ele acabou de ler no *Estadão* que você morreu, ligou para dar os pêsames à família e você atendeu. Quase quem morre de enfarte foi ele".

Inezita correu ao jornal, e lá estava o convite para a "sua" missa de sétimo dia. Ou seja, a missa de Ignez Almeida Aranha. No fim tudo acabou cercado de bom humor. Entrevistada por José Paulo de Andrade na Rádio Bandeirantes, Inezita fez sua reivindicação: "Já que morri, minha escolha está feita. Quero meu nome em uma praça, de preferência a Praça do Patriarca".

Embora não se dedique mais ao piano, Inezita conserva uma vasta coleção de partituras, que a remetem mais uma vez à adolescência. A mãe do amigo Euclides Parente Ramos tocava piano e sempre pedia para Inezita tocar quando ia à casa dela. A senhora tinha uma enorme coleção de partituras e autorizou que todas fossem fotocopiadas e doadas à jovem pianista. Nos seus últimos dias, em um pensionato, ela chamou a nora e ordenou: "Agora dê todos os meus álbuns de partituras originais para Inezita. Não dê para ninguém mais".

Logo que foi inaugurada, em 1938, a Estação Júlio Prestes virou atração na cidade. O prédio, inspirado na Grand Central Station de Nova York, servia de ponto de partida e chegada para os trens que ligavam a capital ao interior paulista e abrigava a diretoria da Companhia Sorocabana de Estradas de Ferro. O pai de Inezita era alto funcionário da

- PROGRÂMA DE INEZITA ARANHA DE LIMA -

PARA O DIA 26/2/943

Este progrâma é dedicado á Senhorita
Elvirinha Bandeira de Mello.

AMOR DE MI BOHÍO	-	Bolero
LOS TRES	-	Fox
AMOR	-	Bolero
NOCHE DE RONDA	-	Valsa
AMOR DE MIS AMORES	-	Bolero

Apresentação de Inezita na Rádio Kosmos, em 1943, incluindo "El Amor de Mi Bohío", bolero que fez grande sucesso na voz do cantor e ator mexicano Pedro Vargas.

PROGRAMA

PRIMEIRA PARTE

I - VOVOZINHA

Olguinha Almeida Santos
Newton de Barros Vidal
Marilena de Barros Vidal

II - ENAMORADO

Noemy Piza Marcondes

III - TENGO MIL NOVIOS

Eva Wilma Riefle

IV - CASÓRIO

Olguinha Almeida Santos

V - QUERER BEM

Terezinha Rodrigues Vercesi

VI - VAQUEIRO ALEGRE

Newton de Barros Vidal

VII - BATUQUE

Eva Wilma Riefle
Olguinha Almeida Santos
Noemy Piza Marcondes

SEGUNDA PARTE

NUMEROS DE CONJUNTO

Inezita Aranha de Lima, Marilena de Barros Vidal, Newton de Barros Vidal, Olguinha Almeida Santos, Noemy Piza Marcondes, Rosinha Odete Goldberg, Eva Wilma Riefle e Terezinha Rodrigues Vercesi

I - CÔCO PENERUÉ
II - AMENDOIM
III - CLAVELITO CHINO
IV - GUADALAJARA
V - AVE MARIA

(solo) Eva Wilma Riefle

TERCEIRA PARTE

I - ROLETE DE CANA

Inezita Aranha de Lima

II - DUAS GUITARRAS (versão francesa)

Dora Melaragno

III - PAÑUELITO BRANCO
IV - NA BAIXA DO SAPATEIRO
V - INDIA

Inezita Aranha de Lima

VI - CHUVA COM SOL
VII - MULITA SERRANA

Dora Melaragno

Assim como Mary Buarque, Inezita também tornou-se professora de música e promoveu apresentações com suas alunas. Este recital, realizado no auditório da Caetano de Campos em 1946, teve a participação da futura atriz Eva Wilma.

ferrovia, e a menina andava sempre por ali. A cada visitinha à estação de rádio montada no alto da torre, o convite era inevitável: "Você não quer cantar?".

A moda de então era o bolero. As rádios tocavam a todo instante os sucessos de Pedro Vargas, de Elvira Rios e do *cowboy* mexicano, misto de cantor e ator, Tito Guizar. Inezita era fã de carteirinha deles todos. Tinha — como diz — quilos de discos de 78 rotações, em sua maioria de boleros. Foram se quebrando, perderam-se nas mudanças, o que ela lamenta muito. Ao convite, a menina não se fazia de rogada e soltava a voz. O que jamais imaginou foi que aquele mesmo local, tantos anos depois, serviria de palco para a festa de comemoração de seus cinquenta anos de carreira como profissional de música. Agora como sala de concertos, com o nome de Sala São Paulo.

A garota cresceu, formou-se, casou-se e passou a conviver com um círculo privilegiado de artistas. Nesse ambiente tão receptivo, seu talento não poderia ficar oculto. Depois dos recitais no TBC, Inezita fez sua primeira apresentação solo em rádio no ano de 1950. O amigo e radialista Vicente Leporace e o compositor Evaldo Ruy a convidaram para participar de um especial dedicado a Noel Rosa, na Rádio Bandeirantes de São Paulo. A jovem cantora "amadora" parecia uma veterana em frente ao microfone.

Porém, Inezita só se transformaria definitivamente na intérprete Inezita Barroso depois de três eventos ocorridos em 1952. Na época, o Rio de Janeiro ainda era a capital nacional e concentrava muitos serviços. A indústria do disco estava quase toda lá, e a vida noturna da cidade era sem dúvida a mais agitada do país — sem falar na beleza natural que o Rio até hoje conserva. Inezita amava viajar à Cidade Maravilhosa; como tinha muitos parentes lá, as idas eram relativamente constantes. O tio mais moço de sua mãe adorava samba e sempre pedia para ela cantar canções de Noel e Ary Barroso.

Numa dessas viagens, ela se apresentou rapidamente na boate Vogue, a mais famosa de então. Na plateia estava o dono de uma gravadora chamada Sinter (Sociedade Interamericana de Representações), representante da Capitol no Brasil desde 1945. A partir de 1950, o selo passou a ter seus próprios lançamentos de música brasileira. O recital rendeu um convite para um teste simples no estúdio de gravação, só voz e violão. Inezita registrou "Funeral de um Rei Nagô", de Hekel Tavares e Murilo Araújo, no lado A, e "Curupira", de Waldemar Henrique, no lado B.

Anúncio da gravadora Sinter na *Revista do Rádio*, em outubro de 1951, com o primeiro disco 78 rpm de Inezita Barroso.

Esse 78 rpm, lançado no início de outubro de 1951, acabou não tendo grande divulgação comercial.

No mesmo ano, Inezita viajou com Adolfo ao Ceará, terra natal de seu sogro. Algum tempo antes fizera um recital de música regional, com ênfase na nordestina, no palco do TBC. Após o espetáculo, foi cumprimentada no camarim por um entusiasmado espectador, que vibrava na plateia a cada música apresentada. Era o médico pernambucano Durval Rosa Borges, que acabou por se tornar amigo do casal. Durval promoveu palestras e recitais de Inezita na Faculdade de Medicina, no auditório da Rádio Gazeta e em outros espaços, e insistia para que fossem conhecer o folclore de sua terra, que sua família fazia questão de recebê-los.

Assim aconteceu. Inezita e Adolfo percorreram primeiro grande parte do Ceará. De lá, partiram para o Recife, onde, apresentados pelo mesmo Durval, conheceram e se fizeram amigos de músicos da maior importância, como Capiba e Nelson Ferreira. E foi o maestro Capiba, grande incentivador da música folclórica nordestina e o maior compositor de frevos-canção, quem levou Inezita a profissionalizar-se. O autor de "A Mesma Rosa Amarela" convidou a jovem para participar de um recital no Teatro Santa Isabel, o mais importante do Recife, no dia 13 de outubro de 1951. No fim, acabaram sendo três apresentações, todas lotadas. Foi a primeira vez que Inezita assinou um contrato por um trabalho em palco e recebeu um cachê pela apresentação. Foi tanto e tal o sucesso, que ela recebeu proposta para cantar na Rádio Clube do Recife, por uma semana. A semana se esticou, depois ela percorreu outras cidades pernambucanas. Só dois meses depois Inezita retornou a São Paulo.

Daí em diante, a carreira de Inezita deslanchou de vez — nos palcos, nos discos, no rádio, no cinema e na televisão, tudo ao mesmo tempo. Chegou a assinar contrato com a Rádio Nacional de São Paulo, participando do show de estreia da emissora em 1º de maio de 1952, no Teatro Cultura Artística, mas não esquentou a cadeira lá. O também estreante Cauby Peixoto foi um de seus colegas na rádio, que contava com outras feras no comando da orquestra: Gaó e Spartaco Rossi, além de maestros convidados do Rio de Janeiro. Nesta rádio, seu maior divertimento eram os programas feitos nos bairros, geralmente em cinemas de grandes auditórios. O elenco saía em caravana, e era uma festa.

Porém, o produtor Eduardo Moreira, o Moreirinha, quis porque quis levá-la para o elenco de cantores da Rádio Record. Ele estava de olho numa estrela que topasse participar da nova empreitada de Paulo

Telegrama de Valdemar de Oliveira para Durval Rosa Borges confirmando o contrato com Inezita Barroso para os recitais em Recife, setembro de 1951.

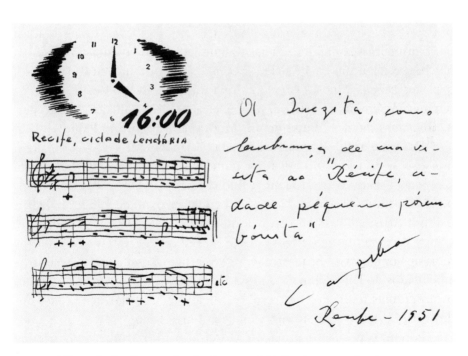

Bilhete de Capiba para Inezita Barroso: "Oi, Inezita, com a lembrança de uma visita ao Recife, cidade pequena porém bonita", 1951.

Quando as meninas da sua idade brincavam com bonecas, Inezita Barroso já tocava violão, cantando e se acompanhando.

Inezita tem uma personalidade estranha. Se está em casa, ou numa roda de amigos, é divertida, risonha, amável até o momento em que se começa a falar de música. Desde aí, muda completamente. Tem idéias firmes sôbre música e procura impô-las em tom de quem não admite réplica. E como sabe o que está dizendo e do que está falando, não encontra quem a contradiga sèriamente.

•

Inezita mantém uma correspondência numerosa com gente espalhada por todo o Brasil e fica sempre sabendo mais coisas sôbre motivos populares, canções antigas que ninguém sabe quem inventou e vai organizando um arquivo, hoje considerado completo. Classificado pelas regiões e épocas, ela sabe, mesmo que nunca tenha viajado até o local (o que é um pouco difícil porque Inezita tem percorrido o Brasil inteiro em busca de novos motivos de música fol-

Inezita

Não Quer

Texto de MÁRIO JÚLIO
Fotos de NORBERTO ESTEVES

Folclorista e atriz, Inezita é um dos grandes cartazes do rádio de São Paulo. E de todo o Brasil, naturalmente.

clórica) o que é que o povo de certo lugar costuma cantar em certa época do ano.

Mas falemos dela como de qualquer outra mulher. Inezita é bem brasileira. Acima do Brasil, para ela, só Deus. É uma sentimental, apesar de procurar esconder êsse *fraco* de tôda gente, porque tem mêdo que a chamem de piegas. Foi numa festinha familiar, assistida por muito pouca gente, que conheceu um advogado cearense. Apaixonaram-se ao mesmo tempo, e casaram-se bem depressa. Hoje tem uma menina, linda, de grande olhos, de que ela cuida com mimos imensos. Adora cozinhar e convida sempre gente para sua casa. Dorme pouco, por isso se deita

> Rosto bonito aliado a marcante personalidade artística, eis os segredos do sucesso de Inezita Barroso. No rádio, no cinema e na TV, sua presença é motivo de alegria

muito tarde e acorda, sem sacrifício, de manhã bem cedo.

— 'Se eu não pudesse cuidar de meu marido e minha filha, como eu entendo que devo, não valeria a pena ter-me casado, não é assim?

Mesmo quando trabalha em boates, o que acontece freqüentemente, ou em filmes, e chega a casa bem tarde e bem cansada, não deixa de saltar da cama bem disposta. Uma prenda doméstica falta-lhe: não sabe coser. Ela não consegue (e mal) mais do que pregar um botão, "e olhe lá". Adora roupa azul. Depois de ter dito que não tem mêdo de coisa alguma e que não tem superstições, começou fazendo pequenas exceções e acabamos por concluir que, afinal, tem mêdo de tudo.

Alberto Cavalcanti, um dia, convidou-a a trabalhar em cinema... e assim, nasceu a Inezita Barroso, atriz de cinema. Já fêz "Ângela",

Barroso
Parecer Sentimental

"Destino em apuros", "O Craque", "É proibido beijar" e, finalmente, a grande oportunidade (como diz ela) veio com o filme "Mulher de verdade", onde tem o principal papel. Ainda é capaz de ir parar em Hollywood, porque César Romero, quando estêve aqui, ficou muito impressionado com ela e, (lá vai o grande "furo" de reportagem) aquele ator e ela têm mantido correspondência em que sempre aparece o assunto "filmar".

Há ainda o sucesso de Inezita no rádio, começando pela Nacional paulista e, finalmente, em maior destaque, na TV-7 e Rádio Record. Depois vieram também as gravações.

Inezita adora o mar a tal ponto que tem uma barraca de campanha e quase todo o fim de semana (se o trabalho não a retém em São Paulo) viaja com o marido e a filha para a praia do Guarujá e lá, bem longe de tôda gente, fica até segunda-feira de manhã. Assim é Inezita Barroso, a nossa cantora de ritmos folclóricos.

> Um de seus passatempos prediletos é ouvir discos. A estrêla da Rádio Record, dentro em breve, estará reaparecendo na cinematografia nacional, ao lado de Colé.

Inezita na *Revista do Rádio*, já contratada pela Record, em julho de 1954.

Inezita Barroso em gravação do programa *Afro*, na TV Tupi, em 1954, encenando "Funeral de um Rei Nagô".

Machado de Carvalho, a emissora de televisão que seria inaugurada em 27 de setembro de 1953. Isaurinha Garcia, a "Rainha do Rádio Paulista", não estava disposta a aparecer na telinha. Multa paga à Rádio Nacional, e lá estava Inezita no *cast* da Record, com produção de Thalma de Oliveira e depois de Blota Júnior. Os arranjos eram orquestrados por Hervé Cordovil, parceiro de Inezita em vários projetos posteriores.

No entanto, não foi na TV Record que Inezita Barroso apareceu pela primeira vez nos televisores brasileiros. A pioneira TV Tupi a convidou em 1954 a participar do programa *Afro*, um especial com músicas e danças afro-brasileiras. Inezita conseguiu uma licença e pôde aparecer na rede rival. Pouco tempo depois, estreava na TV Record *Vamos Falar*

Após um período no elenco da Rádio Nacional, Inezita se transferiu em 1954 para a Record de Paulo Machado de Carvalho Filho, rede que tinha a vantagem de incluir também a televisão.

de Brasil, o primeiro programa da televisão brasileira inteiramente dedicado à música — antes, cantores apareciam apenas em programas de variedades.

Inezita tem ótimas lembranças dos oito anos em que foi estrela da TV Record. O programa semanal apresentava músicas do folclore de todo o Brasil. Os estúdios da emissora ficavam, na época, próximos ao Aeroporto de Congonhas. "Como era no bico do aeroporto, a gente tinha que parar tudo quando passava o avião. Botava um anúncio no ar, porque a televisão era ao vivo ainda, não existia gravação em videoteipe. Depois que passava, a gente retomava." A produção não podia reclamar — afinal de contas, quem patrocinava o programa era a Air France.

Encantando multidões   81

Anúncio do programa de Inezita Barroso levado ao ar no horário nobre da TV Record, mencionando o produtor Eduardo Moreira, em *A Gazeta*, 2 de março de 1956.

Naqueles primórdios da televisão brasileira, muita coisa ainda era improvisada. Por isso, Moreirinha foi uma figura importantíssima na Record. "Ele era formado em Cuba, que era um país avançado nessa área, e ele tinha solução para tudo dentro do grande improviso que ainda reinava nos canais de televisão. Grandes bigodes brancos, sempre alegre e jovial, não havia quem não gostasse dele."

Como era tudo ao vivo, Inezita precisava vestir todos os figurinos que iria usar ao longo do programa ao mesmo tempo. A troca de quadro ocorria durante o reclame — expressão da época para intervalo comercial. Inezita tirava o traje de baiana e já estava com bombachas gaúchas por baixo. Era só dar uns passos para trocar o cenário de praia tropical pelos pampas sulinos — todos desenhados por Manovic (Manuel Victor Filho). É claro que, na correria, sempre acabava sobrando um balangandã no braço, e um cesto que deveria ter sido colocado na cocheira acabava sendo pendurado na casa de sapé. Ainda assim, as ideias malucas de Moreirinha — por exemplo, encher um aquário e dar um *close* para simular o mar, ou levar corujas e macacos de verdade para a gravação — sempre faziam sucesso.

Outra que se divertia nas gravações era a pequena Marta, que acompanhava bastante a mãe, principalmente depois do desquite. A filha de Inezita, a única criança dos bastidores, era muito paparicada e pintava o sete na emissora:

> "Eu lembro que corria atrás dos cenários. Me lembro bem do cheiro de tinta, de papel, aquele cheiro de cenário. Eu adorava o camarim, a maquiagem, fuçava em tudo, queria vestir todos os figurinos. Me deixaram fazer muitas coisas que acho que eu mesma não deixaria. Eu ficava ali atrás, vendo aquela correria de troca de cenário. Nem era gravação, era ao vivo. Lembro também que minha mãe me levava num programa infantil na Record, tinha uma apresentadora que ensinava a fazer massinha. Toda vez eu estava lá."

Inezita não era a única estrela musical da Rede Record. Angela Maria e Maysa também são daquele tempo. Os grandes olhos azuis e a dramaticidade de Maysa conquistavam o público, mas o temperamento difícil (e movido a álcool) da cantora causou muitos transtornos nos bastidores, como conta Inezita:

> "Ela era estabanada e grandona, chegava que nem louca, sempre atrasada. O horário dela era depois do meu, e o Moreira era produtor do programa dela também. Ele ficava muito bravo, porque tinha que encher o tempo com anúncio até ela chegar. E uma vez ela apoiou a mão no cenário, e o cenário caiu no chão... Aí foi um corre-corre, botaram anúncio de pasta de dente, de xampu, até dar um jeito naquilo. A gente morria de rir. Ela ficou brava, porque o Moreira passou um pito nela. Aí ele amarrou a Maysa na guarda da cadeira, porque ela não parava quieta, e pediu para filmar só o rosto enquanto ela cantava. Ficou uma beleza, aqueles olhos, as pessoas diziam que ela estava linda. Se soubessem que ela estava amarrada..."

Encantando multidões

Inezita Barroso e Alberto Ruschel em *Angela* (1951),
a estreia da cantora no cinema, pela Vera Cruz.

8.
ARTISTA DE CINEMA

A carreira de Inezita Barroso no cinema começou um pouco antes, quando o Teatro Brasileiro de Comédia e a Companhia Cinematográfica Vera Cruz (leia-se Franco Zampari) repatriaram o grande diretor brasileiro Alberto Cavalcanti. De muito renome na Europa, ele foi contratado para dirigir cinema e teatro naquele momento de revolução artística em São Paulo. Sem a mesma retaguarda — técnica, financeira, empresarial — que tinha na Inglaterra, pouco pôde fazer.

Ao chegar a São Paulo, Cavalcanti fez amizade com Inezita; ele era figura habitual nas apresentações da cantora. Viu nela uma atriz e queria a todo custo montar para ela a peça *Irmão das Almas*, de Martins Pena, no TBC. Inezita relutou, dizendo que era cantora e não atriz. Chegou-se a fazer uma leitura do texto, mas a grande dama do TBC, Cacilda Becker, talvez farejando concorrência futura, vetou-o por achá-lo muito ruim. A peça não foi encenada, mas abriu as portas da Vera Cruz para Inezita atuar como atriz.

Sua estreia foi acontecer em *Angela*, terceiro filme da "Hollywood brasileira", filmado em belas paisagens gaúchas e lançado em agosto de 1951. O filme, baseado em um conto do escritor romântico alemão E. T. A. Hoffmann ("Sorte no jogo", de 1819) começou a ser produzido por Alberto Cavalcanti, mas ele deixou a Vera Cruz devido a desentendimentos com Carlo Zampari, irmão de Franco e diretor da companhia. Com isso, os diretores Tom Payne e Abílio Pereira de Almeida tiveram de acumular a função.

A novata Inezita Barroso (que nos créditos do filme aparece como Inesita) rouba a cena em *Angela* interpretando a cantora Vanju, antagonista da personagem que dá nome ao filme. Vanju é a ex-amante de Dinarte (Alberto Ruschel), o inveterado jogador que conquista o coração de Angela (Eliane Lage, que acabara de retornar da Europa). Inezita chama atenção pelo humor de sua personagem e, é claro, pelas belas interpretações de "Quem É", de Marcelo Tupinambá (especialmente encomendada ao compositor para o filme), e "Enquanto Houver", de Evaldo Ruy. Nas filmagens nasceu a grande amizade entre ela e Ruth de Souza, que recebeu o Prêmio Governador do Estado de melhor atriz coadjuvante por sua atuação no longa. O elenco também contava com Mário Sérgio, Nydia Lícia e Renato Consorte, e a trilha original era do grande maestro Francisco Mignone. Apesar das expectativas em torno do filme, a bilheteria de *Angela* foi bastante modesta.

Em 1953, uma produção de Mário Civelli para a Multifilmes, dirigida por Ernesto Remani, levou novamente Inezita para as telas. Ao lado de Paulo Autran, Hélio Souto, Beatriz Consuelo, Armando Couto, Jaime Barcelos, Graça Melo, Sérgio Brito, Ítalo Rossi e Paulo Goulart, um elenco brilhante, Inezita participou da comédia *Destino em Apuros*. A Multifilmes, inaugurada no ano anterior, em uma parceria do italiano Civelli, egresso da Maristela, com o empresário Anthony Assunção, havia construído modernos estúdios na cidade de Mairiporã, perto de São Paulo, em um terreno de mais de cinquenta mil metros quadrados. O longa-metragem entrou para a história do cinema brasileiro como o primeiro a ter cenas em cores.

Ainda em 1953, para a mesma Multifilmes, agora com direção de José Carlos Burle, foi realizado o filme que muitas alegrias deu a Inezita. Corintiana fanática, conviveu com jogadores de seu time em *O Craque*, um roteiro de Alberto Dines, também produzido por Mário Civelli. Sua companheira da Escola Caetano de Campos, Eva Wilma, estava no elenco, ao lado de Carlos Alberto, Liana Duval, Herval Rossano, Valery Martins e Blota Júnior, além dos craques corintianos Baltazar, Gilmar, Carbone, Cláudio, Índio, Luizinho, Olavo e Roberto.

O filme, lançado em dezembro, trazia a história de um jogador de futebol, Julinho "Joelho de Vidro" (interpretado por Carlos Alberto), que disputa o amor de Elisa (Eva Wilma) com um rival rico, o jovem médico Mário (Herval Rossano). A película teve cenas reais de jogo filmadas no estádio do Pacaembu, em São Paulo, quando o Corinthians enfrentou o Olímpia, do Paraguai, pela Copa Rivadavia, em 7 de junho, vencendo por 5 x 2. Na ficção, o time brasileiro (bicampeão paulista na época e um dos melhores da história alvinegra) enfrenta o campeão uruguaio, numa "revanche" da final da Copa de 1950. Foi o primeiro filme brasileiro a ter o futebol como tema central.

Alberto Cavalcanti pôde finalmente dirigir Inezita em 1954, logo no primeiro filme lançado comercialmente em que ela faria a protagonista.

Cenas de *Destino em Apuros* (1953), o primeiro filme do cinema brasileiro a apresentar cenas a cores. No alto, Paulo Ruschel (à esquerda) e Inezita.

Jane Batista e Inezita Barroso em *O Craque* (1953), filme em que a cantora divide a tela com os jogadores do Corinthians, seu time do coração.

Herval Rossano e Carlos Alberto contracenam com Eva Wilma em *O Craque*. Grandes amigas, Inezita foi colega da atriz no Caetano de Campos, e até deu aulas de violão para ela na época.

kino filmes s.a.
São Paulo - Brasil

Rua Conselheiro Crispiniano, 344
6.º andar - Grupo 603
Endereço Telegr.: KINOFILMES

Capital   Cr$ 10.000.000,00
Aumento Cr$ 40.000.000,00
Total   Cr$ 50.000.000,00

Exma. Snra.
Inezita Barroso
CAPITAL

                    Este contrato, com as cláusulas abai
xo discriminadas, vem confirmar o acôrdo verbal havido entre V. S. e
a "KINO FILMES, S/A". Por este instrumento, V.S. concorda em prestar
nos com exclusividade absoluta, seus serviços, nas seguintes condições:-

1 - V.S. é contratada como "atriz", da produção provisoriamente inti
     tulada "MUlher de Verdade", e está de acôrdo que empreguemos ou-
     tra ou outras pessoas com a mesma finalidade, dentro de nossas con
     veniências.

2 - Este contrato vigorará de 10 de Outubro de 1953 a 22 de Dezembro
     de 1953, ficando desde já estabelecido que este prazo poderá ser
     prorrogado durante o tempo que se fizer necessário para o bom an
     damento do filme. Fica ainda ajustado que, em caso de prorroga -
     ção do presente contrato, V.S. perceberá a importância de Cr$ -
     Cr$ 1.400,00 (HUM MIL E QUATROCENTOS CRUZEIROS) por dia, durante
     o tempo que durar essa prorrogação.

3 - V.S. se compromete a bem desincumbir seus serviços, tendo por re
     tribuição aos mesmos e por todo trabalho dêles oriundos, a remu-
     neração de Cr$ 85.000,00 (OITENTA E CINCO MIL CRUZEIROS) que se-
     rá entregue da seguinte forma:- Cr$ 40.000,00 (QUARENTA MIL CRU-
     ZEIROS), trinta dias a partir do início do presente contrato; e
     Cr$ 45.000,00 (QUARENTA E CINCO MIL CRUZEIROS), no final da fil-
     magem. Fica também assentado que, para a mencionada remuneração,
     ficam incluídos todos os trabalhos de dublagem, que serão execu-
     tados na época em que se fizerem necessários, o que será previa-
     mente estabelecido.

4 - Fica ajustado que o horário de trabalho exigido é o normal esti-
     pulado na Legislação Trabalhista vigente, não podendo V.S. opor-
     se a prestação de serviços em feriados e domingos. Fica também
     assentado que V.S. não poderá opor-se à prestação de trabalho no
     turno, sempre que houver necessidade de sua execução.

                                                        -segue

Contrato de Inezita Barroso com a Kino Filmes, de Alberto Cavalcanti,
para a filmagem de *Mulher de Verdade*, em 1953.

Alfredo Palácios produziu para a Kino Filmes a comédia *Mulher de Verdade*, entregando a direção para Cavalcanti. O roteiro, inspirado na música "Amélia", de Ataulfo Alves e Mário Lago, foi feito pelo lendário Oswaldo Molles, e os diálogos, por outro fera, Miroel Silveira.

Inezita faz Amélia, uma enfermeira que se apaixona por um malandro, de nome Bamba (interpretado por Colé Santana), que atende no hospital. No entanto, ela precisa fingir que continua solteira para não perder o emprego. De solteira, Amélia acaba se tornando bígama, ao atender o último desejo de um homem da alta sociedade que finge ser doente terminal. Como o círculo de amigos continuava forte, no filme Inezita canta ao violão duas composições de Paulo Vanzolini, "Juízo Final" e "No Carandiru". A música original foi do maestro Guerra Peixe, e o elenco era da maior categoria: Colé, Raquel Martins, Carla Nell, Valdo Wanderley, Carlos Araújo, Dirce Pires, Gessy Fonseca, Adoniran Barbosa, Caco Velho e Nestório Lips. Inezita, no entanto, guardava o que chama de "um ódio de morte" de Alfredo Palácios:

> "Esse senhor, que era uma espécie de faz-tudo nos estúdios, ajudante, secretário, adjunto, queria proteger as estrelas famosas e maltratava as outras atrizes.
>
> Mal-educado, tirava todo mundo da cama para maquiar às 5 horas da manhã, quando a filmagem seria só depois do almoço. Ele invocava comigo, não gostava de mim, sei lá por quê. Um dia atrasei para a maquiagem e precisa ver o que esse cara fez comigo. Acho que estava de ressaca, tal o escândalo que aprontou."

Apesar da implicância do produtor, *Mulher de Verdade*, lançado em em grande circuito em 6 de julho de 1955, foi um sucesso: o filme rendeu a Inezita Barroso o maior prêmio da cinematografia brasileira de então, o Saci, que ela ganhou competindo com Odete Lara, entre outras, além do Prêmio Governador do Estado, também como melhor atriz.

Ainda em 1954, Inezita voltou a filmar na Vera Cruz. Participou de *É Proibido Beijar*, o segundo longa dirigido pelo já famoso fotógrafo italiano Ugo Lombardi, que, dentre outras contribuições para a cultura brasileira, nos deu sua filha, a atriz Bruna Lombardi. A comédia, filmada no Guarujá e lançada em junho do mesmo ano, teve um orçamento modestíssimo, pois a Vera Cruz estava pendurada em dívidas. Ainda assim,

Na comédia *Mulher de Verdade* (1954), Inezita interpreta o papel de Amélia, uma enfermeira que acaba se casando com dois pacientes, um rico e um pobre.

Inezita e Colé, ator que faz o papel do marido pobre em *Mulher de Verdade*.

contou com muitas feras: Enrico Simonetti fez a música, e Tônia Carrero e Mário Sérgio encabeçavam o elenco em que apareciam Ziembinski, Otelo Zeloni, Elza Laranjeira, Vicente Leporace, Célia Biar, Paulo Autran e Renato Consorte.

O filme traz a história da aposta entre um milionário, Harry (Otelo Zeloni), e Steve (Ziembinski): Harry aposta que o filho de Steve, o jornalista Eduardo (Mário Sérgio), não conseguirá resistir a beijar sua filha, June (Tônia Carrero). Inezita faz o papel de Suzy, ex-noiva de Eduardo, por quem Harry acaba se apaixonando. No longa, a cantora interpreta "João Baião", de Betinho.

No início de 1955, Inezita representou o Brasil no III Festival Internacional Cinematográfico de Punta del Este. Ela havia atuado em cinco filmes até então, e foi convidada como artista de cinema, não como cantora. O público ficou surpreso ao descobrir que a estrela brasileira tinha também um vozeirão invejável.

O último filme no qual Inezita tem um papel de destaque foi finalizado ainda em 1955 para a pequena produtora Maristela, que pretendia rivalizar com a Vera Cruz, apesar de não possuir a mesma estrutura. A Maristela contava com dois parceiros de peso: o diretor Ademar Gonzaga, fundador da carioca Cinédia, e a Rádio e TV Record, que cedeu boa parte do elenco. A Record entrou na jogada para promover o seu *cast* invejável de artistas musicais. O resultado foi uma colcha de retalhos chamada *Carnaval em Lá Maior* (o slogan da Record era "A Maior"), em que Inezita interpreta "Estatutos da Gafieira", de Billy Blanco. Além dela, participam do filme Walter D'Ávila, Randal Juliano, Arrelia, Adoniran Barbosa, Genésio Arruda, Hervé Cordovil, Renata Fronzi, Blota Júnior e Vicente Leporace, entre outros. O longa foi lançado em fevereiro daquele ano em São Paulo, e em março, no Rio de Janeiro.

Em 1957, Inezita se dedicou ao projeto do longa *Jovita*, em que ela seria a protagonista. Mas essa história é para daqui a pouco.

No final da década, em 1958, Inezita faria uma participação no filme *O Preço da Vitória*, de Oswaldo Sampaio, cantando "De Papo pro Ar", de Joubert de Carvalho e Olegário Mariano. Também se destaca na película a genial interpretação de "Lata de Graxa", de Geraldo Blota e Mário Freire, pelo sambista paulistano Germano Mathias. O longa-metragem era ficcional e focava o futebol, pegando carona no sucesso da seleção brasileira na Copa do Mundo da Suécia. Rodado a toque de caixa, em menos de vinte dias, o filme foi lançado em outubro de 1959, e

Contracenando com Ziembinski (no alto) e Otelo Zeloni (acima) no filme *É Proibido Beijar* (1954).

Inezita em *O Preço da Vitória*, filme que comemora
a conquista da Copa de 1958.

contou com as participações de Pelé e de todo o escrete canarinho, além do técnico Vicente Feola e Paulo Machado de Carvalho. O cunhado de Inezita, Maurício Barroso, também atuou no filme.

Depois disso, Inezita fez apenas uma aparição em filmes de ficção (*Desejo Violento*, de Roberto Mauro, lançado em novembro de 1978), além de participar em documentários, como *Isto é São Paulo*, de 1970 (que traz várias músicas interpretadas pela cantora e a participação dos Jograis de São Paulo). Ela estava convencida de que não se sentia tão à vontade filmando por dias inteiros; preferia estar em cima de um palco, cantando para o público.

9.
VIDA DE VIAJANTE

Desde pequena a menina Ignezita Aranha de Lima (lembrem-se de que ela só virou Inezita Barroso depois de casada) tinha uma forte inclinação pela pesquisa. Anotava as letras de todas as modas de viola que os colonos cantavam nas fazendas da família. Aos poucos foi formando um precioso acervo de informações sobre a matéria que era sua paixão. Quando deu por si e compreendeu a importância do material que tinha acumulado, resolveu continuar.

Sua viagem mais longa na infância foi ao Rio de Janeiro. Inezita tinha ganhado um rádio de cabeceira e ficava ouvindo escondido até tarde da noite. Silvio Caldas, Orlando Silva, Francisco Alves, Carlos Galhardo, Dalva de Oliveira... os grandes astros da era de ouro do rádio. Sonhava com o Rio e, aos 14 anos, surgiu a oportunidade de conhecer a cidade. Sua avó paulista foi morar lá, e ela foi passar férias cariocas.

Na sua cabeça fixaram-se imagens para sempre, como as dos blocos de rua em Copacabana fazendo samba ao som dos tamancos e da ida ao Cassino Atlântico. Maquiada, "fantasiada de gente", com sapatos e vestido das tias, conseguiu entrar e ver ao vivo Carmen Miranda e Grande Otelo. Naquele momento surgiu para valer a vontade de ser cantora. Mal sabia que um dia iria cantar no Rio e na Rádio Nacional. A aventura terminou quando os tios, que foram para as mesas de jogo, a procuraram e a encontraram... dormindo em um sofá. Foi a primeira grande viagem de uma vida de viajante.

O Rio rendeu grandes histórias à já adulta Inezita Barroso. Como dito antes, as gravadoras da época se concentravam lá, e o primeiro contrato da cantora para registrar uma série de discos profissionais foi com a RCA Victor, uma das duas grandes de então (a outra era a Odeon). Em uma de suas primeiras gravações pelo selo, Inezita enfrentou o trem da Central do Brasil e, para acompanhá-la, convidou o jovem compositor Paulo Vanzolini. Fora convidada para gravar a então chamada "Moda da Pinga", ou "Marvada Pinga", que se transformaria em uma das músicas mais populares e conhecidas no Brasil. Inezita não botava muita fé na situação e então achou que iria gravar um disco de acetato, que tinha um lado só: "Parecia uma tampa de panela, tinha um som horrível". Depois de gravada a "Moda da Pinga", surgiu o problema. O que gravar no outro lado do disco? O lançamento seria um 78 rpm de massa, com uma música em cada lado.

Paulo Vanzolini logo sugeriu que gravassem um samba dele, então desconhecido. Mas o diretor da gravação, um carioca do qual nem Inezita nem Paulo guardaram o nome, ficou irritadíssimo: "Você quer gravar um samba paulista? E lá paulista sabe fazer samba? Que brincadeira é essa? Eu não gravo essa coisa". Botou o chapéu na cabeça, retirou-se do estúdio, largou tudo e foi embora.

Como Vanzolini era muito desafinado, era preciso que Inezita cantasse a canção para convencer os músicos, mas ela não havia decorado a letra. Paulo rapidamente a escreveu para ela, tintim por tintim, e Inezita mostrou no violão, lendo os versos enquanto cantava. Os músicos do regional que a acompanhavam ficaram entusiasmadíssimos e logo se organizaram para bolar um arranjo de ouvido. Tinha de ser aquela música, não havia mais volta. Foi assim que os remanescentes do lendário Regional do Canhoto, os maiores "cobras" da música brasileira que se conhecia, lançaram com Inezita a primeira gravação de "Ronda", hoje um clássico da música popular brasileira.

O regional? Era formado "apenas" por Zé Menezes nas cordas dedilhadas (violão, cavaquinho e bandolim), Dino Sete Cordas no violão sete cordas, Garoto no violão-tenor, Chiquinho no acordeon e Abel Ferreira nas clarinetas, sem usar percussionista. Uma seleção brasileira. Segundo os registros, a gravação foi realizada no dia 3 de agosto de 1953.

Neste início de contrato, Inezita lançou pela RCA Victor mais dois discos de 78 rotações. No primeiro, gravado em abril de 1953, registrou "Catira" (uma adaptação de R. de Souza) no lado B e "Isto é Papel, João?" no lado A, composição de seu amigo Paulo Ruschel — que, segundo ela, fazia parte da gangue, assim como o irmão Alberto. Os dois também contracenaram com Inezita no cinema e fizeram parte do lendário grupo Quitandinha Serenaders, grandes intérpretes de compositores gaúchos como Lupicínio Rodrigues. No segundo 78 rpm, a cantora já enveredou no estilo que marcaria sua carreira e gravou "O Canto do Mar" e "Maria do Mar", ambas de Guerra Peixe e José Mauro de Vasconcelos. As duas músicas faziam parte da trilha sonora do filme O

Dois momentos de Inezita na TV Record: com o ídolo Silvio Caldas, em 1955,
e na comemoração dos cinco do programa da cantora, em 1959,
que reuniu amigos e colaboradores como Zica Bergami (quarta à esquerda),
Manovic (atrás de Inezita, sem chapéu) e Paulo Vanzolini (segundo à direita).

Canto do Mar, de Alberto Cavalcanti, lançado em outubro de 1953 (no longa-metragem as canções são interpretadas por atores do filme). Inezita gravou mais oito discos de 78 rotações pela RCA — incluindo a primeira gravação do sucesso "Estatutos da Gafieira", de Billy Blanco, em 1954 —, quando migrou de vez para a gravadora Copacabana, em maio de 1955.

Inezita lembra dos músicos da época com especial satisfação. Um dos grupos excepcionais que a acompanharam em gravações foram os Titulares do Ritmo. Seus integrantes haviam se conhecido em um instituto para cegos nos anos 1940, e por muito tempo o grupo continuou na ativa, ainda que não em sua formação original. Além de tocar instrumentos, eles imitavam vários deles com a voz, a capela. Foi assim, no gogó, que eles gravaram algumas faixas do LP *Canto da Saudade*, de 1959.

> "Você jura que tem flauta, violino — nada disso, só voz. 'Maringá' é uma delas, 'Cantiga (Vela Branca)' também. Eles eram gênios, porque ainda não tinha sistema braile de escrita musical, então o Chico (Francisco Nepomuceno), que era o chefe, dava o tom e eles faziam na hora. Eu ficava pasma, o pessoal do estúdio também."

Por influência e indicação de Millôr Fernandes e Antônio Maria, Inezita foi contratada para uma temporada na boate Vogue, no Rio de Janeiro, que estreou em 7 de abril de 1953. Provando não ter nenhum problema com o público chamado de "sofisticado", foi um sucesso absoluto, cantando inclusive músicas caipiras, que, aliás, eram conhecidas por todos os frequentadores. No anúncio do show publicado nos jornais, aparecia a seguinte frase: "Inezita Barroso, da sociedade paulista para a sociedade carioca".

Quem cantava por lá era Aracy de Almeida, que, ressabiada com a concorrência, só olhava a paulista de longe. A famosa Dama do Encantado controlou-se no Rio, mas, ao chegar a São Paulo e ver Inezita — que acabara de aparecer na TV Tupi em um programa criado por Túlio de Lemos — cantando e contando coisas de Noel Rosa (de quem Aracy era a intérprete "oficial"), subiu nos tamancos: "Quem é essa grã-fininha mascarada para cantar Noel?". Acabaram amigas, mas para o resto da vida Aracy saudava Inezita, onde a encontrasse, com o bordão "Oi, grã-fininha mascarada".

A SOCIEDADE BRASILEIRA DE COMEDIA
APRESENTA

RECITAL DE MUSICA BRASILEIRA
a cargo de Inezita Barroso

I Parte

Musica Variada

I — CANÇÃO DA GUITARRA — Musica .... — *Marcelo Tupynambá*
            — Letra .... — *Aplecina do Carmo*
II — FARINHADA — Canção Amazonica .... — *Valdemar Henrique*
                Ilná Pontes de Carvalho
III — CARREIRO — Toada Sertaneja .... — *Hekel Tavares*
                Olegario Mariano
IV — CHOVE CHUVA — Hekel Tavares do poema "O Verde" de .... — *Ascenso Ferreira*
V — CANÇÃO — Gonçalves Crespo — Transcr. de .... — *J. Octaviano*
VI — NHAPOPÉ — Modinha antiga sobre tema popular .... — *H. Vila Lôbos*
VII — "BERCEUSE DA ONDA QUE LEVA O PEQUENINO NAUFRAGO" — *Lorenzo Fernandes*
                Cecila Meirelles

II Parte

Sambas

I — QUANDO O SAMBA ACABOU .... — *Noel Rosa*
II — SILÊNCIO DE UM MINUTO .... — *Noel Rosa*
III — NÃO TEM TRADUÇÃO .... — *Noel Rosa*
IV — FEITIÇO DA VILLA .... — *Vadico e N. Rosa*
V — ULTIMO DESEJO' .... — *Noel Rosa*

III Parte

Musica Afro — Brasileira

I — NAVIO DA COSTA .... — *Capiba*
II — PERGUNTE AOS CANAVIAIS .... — *Capiba*
III — CANTILENA — Canto de Senzala — Baía — Ambient. de ..... — *Villa Lôbos*
IV — ABALUAIÊ — Ponto ritual — Baia — .... — *Valdemar Henrique*
V — O PRETO VELHO CAMBINDA .... — *Hekel Tavares*
                Joracy Camargo
VI — SALVE OGUM .... — *"Pernambuco"*
                Mario Rossi
VII — FUNERAL DE UM REI NAGÔ .... — *Hekel Tavares*
                Murillo Araujo

Programa do recital de Inezita Barroso no TBC em 5 de março de 1951,
no qual toda a segunda parte era dedicada a Noel Rosa.

A confusão maior aconteceu quando foi montado em São Paulo o show *Clarins em Fá*, na boate Esplanada, em 1954. Criado por Carlos Machado, tinha cumprido longa temporada de sucesso no Rio de Janeiro, estrelado pela cantora Linda Batista na boate Monte Carlo, na Urca. Quando estreou em São Paulo, tinha Inezita Barroso no lugar de Linda, que preferiu ficar nas praias cariocas. Mas Linda — nascida em São Paulo com o nome de Florinda Grandino de Oliveira, mas que renegava sua origem paulistana — tinha família na cidade e, ao visitá-la, resolveu assistir ao *Clarins em Fá*.

Todo mundo sabia da inclinação da mais velha das irmãs Batista (Dircinha era a outra) pelos copos. Em festas, recepções, boates, onde aparecesse e houvesse bebida, a coisa acabava em confusão. Assim, ao ver Inezita brilhar no papel que era seu, resolveu interferir. Cambaleando, tentou subir no palco para expulsar a "paulissssta". Deu-se mal. Castelão e Vavá, dois conhecidos boêmios brigões da noite paulistana, levantaram Linda no ar e a depositaram esperneando em uma cadeira, enquanto o cozinheiro cearense, armado de faca de cozinha, invadiu a pista gritando que ia acabar com aquela festa. Na plateia, Errol Flynn aplaudia entusiasmado.

Cantar na noite nunca assustou essa "grã-fininha mascarada". No Teatro Íntimo Nicete Bruno — o TINB, em cujo palco a dona da casa casou-se há quase cinquenta anos com seu galã no palco e na vida, Paulo Goulart — havia sempre espetáculos à meia-noite, realizados após o horário normal das peças: as chamadas "sessões malditas". Apesar de ficar nas imediações da Praça Júlio Mesquita, em uma zona não muito segura, era um sucesso. A série das tais sessões malditas foi inaugurada por Inezita Barroso e seus inseparáveis Jograis de São Paulo.

Mas é claro que, nas idas ao Rio, Inezita não ficava apenas enfurnada nos estúdios. Ela não só ia à praia, passeava pelas ruas elegantes e frequentava as casas mais badaladas da noite, como também aproveitava para soltar a voz nos palcos. Na boate Vogue, então a mais luxuosa do Rio de Janeiro, foram várias apresentações avulsas, além daquela temporada memorável que mereceu até um comentário na crônica de Rubem Braga no *Correio da Manhã*, de 9 de abril de 1953:

> "E escrever sobre quê? Falar de Inezita Barroso, que São Paulo mandou para o Vogue, e é tão diferente de cantora de boite. Tão sem microfone, com um violão tão sem fio elétrico,

Programa do show *Clarins em Fá* na Boite Esplanada, em São Paulo, em 1954, em que Inezita Barroso substituiu Linda Batista, estrela da temporada carioca do espetáculo.

Bilhete de Millôr Fernandes e Antônio Maria por ocasião do show de Inezita Barroso na boate Vogue do Rio de Janeiro, em 1953.

cantando tão sem truques e sem sofisticação, com tanta alegria, energia, simpatia!

Inezita faz bem: é saúde e graça e beleza. Eu vos receito Inezita que muitas vezes ouvira cantar em casas de famílias amigas, Inezita tão família e Inezita tão amiga."

A casa dirigida pelo barão austríaco Von Stuckart recebia a nata das cantoras dos anos 1950: Angela Maria, Dolores Duran, Linda Batista. Inezita conheceu lá cantores, compositores e intelectuais famosos, como Luiz Gonzaga, Humberto Teixeira e a turma do futuro *Pasquim*. Millôr Fernandes ficou encantadíssimo com ela e exigiu ao proprietário que ela voltasse. Ary Barroso também batia cartão na Vogue e aproveitava para brincar que Inezita era parente dele.

Numa dessas idas para programas avulsos, Inezita foi à noite ao morro do Salgueiro com seus amigos. Os cariocas não imaginavam que paulistas gostassem de samba. Foi um estraçalho: clássico atrás de clássico, de Noel Rosa para cima, a paulistana comoveu toda a comunidade. Ficaram até as 4 da manhã cantando. Os convivas abriram até champanhe quente do barracão da escola, para festejar.

Nessa oportunidade, Inezita conheceu Peitão, um negro alto e forte que era de Niterói. Peitão fez questão de convidá-la a conhecer sua família e sua casa, um terreirão simples e aconchegante do outro lado da baía de Guanabara. Recebeu-a com rabanada e uma coroa de flores e mostrou uma série de composições suas — algumas das quais Inezita depois ouviria até não poder mais no carnaval. Uma delas era o refrão de "Nega Maluca", que Peitão alguns anos antes havia vendido — uma prática muito comum na época. Evaldo Ruy e Fernando Lobo pegaram o "Tava jogando sinuca/ uma nega maluca/ me apareceu...", completaram a letra e emplacaram o sucesso em 1950, na voz de Linda Batista. Muito tempo depois, esses trechos de músicas foram gravados no LP *Inezita em Todos os Cantos*, de 1975, na faixa "Seleção de Sambas".

Ir ao Rio era muito tranquilo, mas Inezita queria mais. Sempre que aparecia a oportunidade de aumentar o raio de suas viagens, ela deixava a filha com a sogra e partia para grandes expedições, sempre depois de planejá-las e mapeá-las. Talvez a maior delas, e da qual resultou sua pesquisa mais importante, foi a que fez para o Nordeste, em 1957. Inezita Barroso foi escolhida para integrar o elenco do filme *Jovita*, com direção de Oswaldo Sampaio, baseado numa história de Dinah Silveira de Quei-

Inezita e o "primo" Ary Barroso em 27 de outubro de 1955.

Telegrama do diretor da Record, Paulo Machado de Carvalho Filho, a Inezita, de 5 de setembro de 1955, por ocasião de sua viagem a Minas Gerais.

roz. Era uma produção da Cia. Cinematográfica Vera Cruz, cuja sede ficava em São Bernardo do Campo. Essa cidade próxima a São Paulo era também o centro da ainda incipiente indústria automobilística brasileira. Em companhia de outras estrelas, Inezita foi ao lançamento do jipe Willys, que estava sendo fabricado ao lado dos estúdios da Vera Cruz. Aquele era o primeiro utilitário comercial lançado no país, adaptado sob medida para a nossa precária estrutura rodoviária. Foi amor à primeira vista. Inezita se apaixonou pelo carrinho, do qual se diziam maravilhas: não havia obstáculos para ele, estradas ruins, lamacentas ou coisa que o valha. "Sobe até escadas", garantiu o presidente da fábrica.

Ao ver o entusiasmo de Inezita, o anfitrião deu sua cartada de *marketing*. Ele decidiu aparecer em uma festa nos estúdios da Vera Cruz, alguns dias depois. Chamou a estrela num canto e soltou a bomba: "Vou emprestar um jipe para você. Com ele você poderá chegar aonde quiser para fazer suas pesquisas folclóricas".

Foi uma surpresa fantástica. A Vera Cruz associou-se ao empreendimento e pintou o nome do filme, *Jovita*, e o logotipo da empresa no jipe. Inezita estava pronta para a grande aventura de conhecer *in loco* todas as manifestações culturais populares do Nordeste brasileiro.

Como o marido Adolfo não poderia abandonar seu trabalho no Laboratório Andrômaco para acompanhá-la, Inezita convocou o cunhado Maurício Barroso e o amigo Nelson Camargo para caírem na estrada com ela. Nelson, também ator, era coincidentemente nascido no mesmo dia, mês e hora que Inezita. O único detalhe era que nenhum dos dois homens sabia dirigir, e ela mesma assumiu o volante no giro por quase toda a região Nordeste do Brasil.

Partiram em janeiro de 1957, após a temporada do espetáculo *Ritmos e Cores* com os Jograis de São Paulo. Os dois escudeiros cuidavam da segurança, do equipamento de gravação, da manutenção de tudo e da montagem e desmontagem das barracas onde não houvesse nem uma pensão onde pousar. Ela se encarregou de pilotar a nave do intrépido trio durante os mais de seis mil quilômetros percorridos. Sem problemas, pois desde adolescente adorava automóveis, e até depois de seus oitenta anos não era raro vê-la chegar a seus shows dirigindo o próprio carro.

"Uma das coisas importantes entre tantas outras que rapidamente aprendi e compreendi foi a origem do machismo nas manifestações folclóricas brasileiras. Mulher quase não canta,

em foco

INEZITA COM "OS JOGRAIS DE S. PAULO" — Rui Afonso organizou um grupo de declamadores, a que deu o nome de "Jograis", reunindo os artistas Felipe Wagner, Maurício Barroso e Armando Bogus. O sucesso do conjunto foi registrado por todos os veículos de publicidade do Rio e de São Paulo. Agora, o nome de Inezita Barroso veio reforçar o conjunto, onde a grande folclorista brilha com todo o vigor do seu talento interpretativo. "Ritmos e Côres", nome do espetáculo de "Os Jograis de São Paulo" com Inezita Barroso, foi apresentado com invulgar êxito no Teatro do Copacabana Palace Hotel, e atendendo a numerosos pedidos foi repetido durante seis dias no Teatro Dulcina. Tudo leva a crer que Inezita se firmará com "Os Jograis" e com êles viajará por todo o Brasil, registrando outros grandes sucessos que se integrarão aos muitos já obtidos por êsses brasis fora.

Nota na imprensa sobre o espetáculo *Ritmos e Cores*, reunindo Inezita e os Jograis de São Paulo, em 1957.

só bate palmas. Quem dança e aparece todo bonito é sempre o homem, e isso foi herdado dos índios pelos caboclos. Reparem que nas danças indígenas as mulheres não cantam, limitam-se a fazer uns passinhos tímidos atrás dos homens, que são sempre as principais figuras. Nas rodas de cateretê, por exemplo, cantando ou tocando, mulher não tem vez. Tocando viola então... pelo amor de Deus! Eu é que sei o que é mulher violeira..."

CORREU O BRASIL
PROCURANDO MÚSICAS

● OUTRAS FOTOS E TEXTO NA PÁGINA SEGUINTE

Inezita recolheu músicas e instrumentos folclóricos em sua grande excursão. Ela os exibe, com orgulho — e promete grandes novidades para os fans dos seus programas na Rádio e TV-Record.

INEZITA BARROSO, mais uma vez eleita a maior intérprete da música brasileira do rádio e televisão, "Roquete Pinto" (São Paulo) em sua categoria, terminou recentemente o seu grande "raid" pelo interior do país, no jipe "Jovita", título êsse do filme do mesmo nome que será rodado brevemente, em São Paulo com história baseada num conto da escritora paulista Diná Silveira Queiroz.

Inezita realizou a excursão com o sentido de recolher assuntos folclóricos para os seus programas de rádio e TV, para o filme "Jovita" e, também, para a conclusão do seu livro "Roteiro de um Violão", a ser editado pelo Instituto do Livro. Percorreu cêrca de 6.500 quilômetros. O seu roteiro obedeceu, mais ou menos, à seguinte ordem: São Paulo, Guaratinguetá, Cunha, Parati (aqui já entra o Estado do Rio), Angra dos Reis, Rio, Petrópolis, Sapucáia, Murisé (Minas), Itaperuna, Varre Sai, Guaçu, Cachoeiro do Itapemirim (Espírito Santo), Marataizes, Anchieta, Guarapari, Vitória, Conceição da Barra (o fim das estradas do litoral, tendo início caminhos difíceis que mesmo para um jipe é coisa dura!), Vitória da Conquista (Bahia), Jequié, Feira de Santana, Salvador, etc. Em Salvador, a cantora ficou vários dias, tendo visitado tôdas as coisas tradicionais da Bahia, não faltando sua visita e Itapoã, Lagoa do Abaeté e Amaralina.

A viagem durou ao todo 35 dias e se Inezita não continuou rumo a outros Estados do Norte, foi porque teve que interromper a excursão para estar em São Paulo a tempo da grande festa do "Roquete Pinto".

A próxima excursão que Inezita Barroso tem em mira, será feita, de acôrdo com o seu desejo, num caminhão "FNM" (que o caboclo apelidou de "Feneme") e com um roteiro para o Sul do país.

Foi grande o material que Inezita trouxe desta sua viagem entre melodias, anedotário, lendas e outras coisas inéditas que constituem verdadeiras jóias do nosso folclóre.

A intérprete já reassumiu as suas audições na Rádio e Televisão Record, audições essas marcadas com um nível campeão e que serve de prova da popularidade marcante que possui não só em São Paulo, mas em todo o Brasil, a estrêla.

Matéria da *Revista do Rádio* de 13 de abril de 1957, registrando a viagem de Inezita Barroso ao Nordeste do Brasil a bordo do jipe "Jovita".

O marido Adolfo — que depois a acompanhou em outras viagens — deu todo o apoio. Comunicavam-se constantemente por radioamadores, a única forma de contato à distância, então. O centro da logística era na casa do produtor, diretor e amigo Moreirinha, que conhecia outros tantos radioamadores pelo Brasil inteiro. Isso facilitou em muito a comunicação entre o trio de bandeirantes folclóricos e a "civilização".

Não fosse Moreirinha, Inezita jamais teria sido intimada a voltar o mais rápido possível da cidade de Jequié, no sertão baiano, para São Paulo, em abril: "Você ganhou o Roquete Pinto e tem de voltar para a cerimônia de premiação". Era o terceiro Roquete Pinto que a cantora ganhava, o prêmio mais importante da época para os artistas de rádio e televisão.

> "Ao receber aquela notícia, em pleno sertãozão baiano, quase explodi de felicidade. Tratei de dormir um pouco e, na manhã seguinte, botei o jipe na estrada e praticamente só parei em São Paulo. Estava negra de sol, pois me dou muito bem com esse negócio de melanina e escureço com bastante facilidade. Imagine então depois de semanas sob o sol do sertão! Quando entrei no palco para receber o Roquete e, obviamente, cantar, usava um vestido branco que realçava a 'negrura'.
>
> Terminada a festa, surgiu a ideia da turma toda — Paulo Autran, Renato Consorte, sempre eles — de comemorar no Guarujá. Pedi apenas para passar em casa e trocar de roupa. O Guarujá ficou apenas no planejamento, já que deitei um pouco para descansar e dormi catorze horas seguidas. Abraçada ao Roquete Pinto."

A viagem serviria basicamente para se colher material folclórico para o filme *Jovita*, e foi um ótimo pretexto para Inezita visitar os mais escondidos rincões do sertão nordestino. Do contato com as comunidades que preservavam a cultura dos antepassados, resultou uma rica pesquisa e a certeza de que sua vocação era mesmo para folclorista.

Ao final, o longa-metragem acabou não sendo feito. Seria correalizado por produtores do México, que exigiam que, no filme, o galã e a avó de Jovita fossem representados por atores mexicanos. A história era entranhadamente brasileira, e os mexicanos não caberiam na história, ao menos não naqueles papéis. Jovita Feitosa de fato existiu: era uma moça da Paraíba cujo irmão tinha ido para a Guerra do Paraguai, e ela queria de qualquer maneira fazer o mesmo. Vestiu-se de homem e foi à luta. Apenas quando foi ferida, descobriram que era mulher, o que foi um escândalo na época. Sua avó, desesperada pelo seu desaparecimento, só soube da presença da neta na guerra quando a notícia se espalhou.

Inezita ia interpretar Jovita e, perfeccionista como sempre, programou a viagem de pesquisa ao local de origem do personagem para saber dos usos e costumes da terra e de seus habitantes. Foram os seis mil quilômetros mais sacrificados de sua vida. Apesar de o filme não ter sido realizado, a aventura deu muito estofo à sua carreira musical. Na época, as poucas estradas que existiam — nem a Rio-Bahia tinha sido aberta — eram precárias, e a viagem teve de ser feita pelo litoral. Depois de percorrer o Vale do Paraíba paulista, o jipinho enfrentou valentemente a descida pela trilha de Cunha. Dali seguiu para Parati, onde uma semana de chuva tornou tudo intransitável, forçando o jipe a ser transportado em um barco de pesca. O jeito foi acordar de madrugada para aproveitar a maré, embarcar o carrinho "no muque", para depois desembarcar em Angra dos Reis.

Essa seria a tônica da viagem, contornando o litoral por onde fosse possível e chamando a atenção das pessoas, que nunca tinham visto gente tão corajosa como a moça e seus dois acompanhantes. Viajando pelas praias, contornando rochedos, chegaram à Paraíba em uma aventura que durou dois meses. Tinham intenção de continuar muito mais quando ela foi chamada de volta para receber mais um Roquete. No retorno, veio a notícia de que o filme não mais seria feito. A Vera Cruz já não andava muito bem de finanças, e aquela história da obrigatoriedade de o galã e da avó serem mexicanos, envolvendo dublagens e problemas, fizeram com que a produção fosse abortada.

Tudo isso aborreceu Inezita profundamente. Ela chorou ao devolver o jipinho, seu companheiro, já considerado por ela como "da família". Essa foi sua primeira grande decepção com os filmes, o que mais tarde a levaria a abandonar a carreira cinematográfica.

"Eu já não aguentava mais aquela correria a cada filme. Acordar de madrugada, horas na maquiagem, no guarda-roupa, e depois ficar sem fazer nada, esperando a hora de filmar. Come uma coisinha, espera de novo e tem aquela história de aproveitar o cenário: no mesmo dia você é uma adolescente,

Inezita e Hervé Cordovil tomam chimarrão em Porto Alegre, em 1956.

Abaixo, Paixão Côrtes e Barbosa Lessa, dupla que adaptou do folclore as músicas dos dois LPs *Danças Gaúchas*, de Inezita.

uma mulher-feita com problemas de amor e ciúmes, diálogos ingênuos e pesados, cenas singelas e logo em seguida, sofridas. Tudo corrido, no mesmo dia, embaralhando a cabeça, acabando com qualquer concentração. Pensando nisso, desisti. Teatro mesmo é que é bom, é que é o rei. Tem sequência, não perde o sentimento, não perde a transmissão. Cinema não dá."

O cinema ficou para trás, mas a carreira de folclorista persistiu desde os anos 1950 até hoje. As viagens se sucederam na vida de Inezita, sempre com renovado foco nas culturas regionais. Goiás, Mato Grosso, norte, sul, leste, oeste. No Rio Grande do Sul, aprendeu tudo sobre os gaúchos com os folcloristas Paixão Côrtes e Barbosa Lessa, e gravou, além do material recolhido por eles, muitas de suas composições.

O amor pelas coisas gaúchas nasceu quando assistiu em São Paulo ao espetáculo *Danças Gaúchas*, do Grupo Folclórico Brasileiro, no Teatro de Arena, que estreou em maio de 1955, com direção de Barbosa Lessa. Foi encenado por um grupo de atores que foram tentar a carreira em São Paulo, como Riva Nimitz e Célia Helena, que depois viraram artistas de cinema, televisão e teatro. "As músicas dessa peça eram encantadoras, tudo folclore, me acendeu a paixão", explica Inezita. "Entrei em contato com o grupo, me despejei para Porto Alegre. Lá, acabei gravando um dez polegadas com as músicas gaúchas, acompanhada por violão e sanfona." Inezita mostrou o disco gravado no Teatro São Pedro para o maestro Hervé Cordovil, que se apaixonou pelo trabalho e quis gravar imediatamente a versão orquestrada. Como conta a cantora:

> "Ficamos uma semana em Porto Alegre e resultou um lindo trabalho para a gravadora Copacabana. Um LP de doze polegadas, acompanhado por um manual que explicava as danças, as coreografias, a história de cada música. Hoje esse disco é um documento muito procurado, por pesquisadores principalmente. Tenho um, mas não empresto por nada. Já perdi muitos livros e discos, emprestando. Hoje, quando alguém me pede a dança do 'Pezinho' ou outra qualquer, faço um xerox e dou."

O álbum, também intitulado *Danças Gaúchas*, lançado em 1961, foi inclusive adotado pelo governo, e Barbosa Lessa até veio a São Paulo para fazer um trabalho com quadrilhas nas escolas, usando as músicas gaúchas.

Hervé Cordovil foi um nome muito importante na carreira de Inezita Barroso. Ele arranjou boa parte dos primeiros discos de Inezita para a gravadora Copacabana. Diz ela que a comunicação entre os dois era tão boa, que parecia quase telepática — Hervé chegou a fazer arranjos para Inezita por telefone. Inezita cantava a música, passava a letra e o tom, e o maestro chegava no ensaio com tudo prontinho, sem precisar mexer em nada. Um dos grandes sucessos de Inezita, "Lampião de Gás", foi gravado por intermédio dele. Era o primeiro LP de doze polegadas da carreira dela, *Vamos Falar de Brasil*. Antes, os discos de dez polegadas permitiam gravar apenas quatro faixas de cada lado. O novo formato de disco permitia a gravação de mais duas músicas em cada lado, o que a obrigou a aumentar o repertório na hora da gravação.

"A Zica Bergami, uma senhora da sociedade, chegou e disse que tinha uma musiquinha para mim. O Hervé estava ensaiando comigo e perguntou como era a música. Ela disse: 'É uma partitura humilde que eu fiz, porque toco um pouco de piano'. O Hervé olhou e disse que daria uma resposta em uma semana. Aí fui gravar o primeiro LP de doze polegadas, porque até então eu só tinha gravado disquinhos de dez polegadas. Eu estava com gripe, quarenta graus de febre, no estúdio da Record na rua Quintino Bocaiúva. O Hervé queria terminar a gravação naquele dia, porque tinha que entregar a matriz. E não tinha música suficiente, ia faltar uma.

Aí incluímos 'Lampião de Gás'. Ninguém do coro tinha lido a letra, então o Hervé falou: 'Não, não, só cantarola'. Ficou lindo, né? Só no contracanto, e eu em cima, lendo. Eles só cantam o refrão. Quem fazia parte dessa orquestra da Record era o pai da Hebe Camargo, o Febo Camargo, um violoncelista muito bacana. Ele disse: 'É essa que vai estourar, que vai brilhar'. Eu não acreditava, imagine, gravei com febre, depois fiquei de cama. E não deu outra."

A letra precisou ser cortada — era imensa, não caberia no disco. Ainda assim, o saudosismo da canção caiu no gosto do público, e até hoje é uma das músicas mais pedidas pelo público de Inezita.

Inezita Barroso com a amiga americana Mary Diener e Zica Bergami, autora de um de seus maiores sucessos, "Lampião de Gás", música lançada em 1958.

E não existe tempo ruim ou situação intimidadora para o verdadeiro intérprete. Seja diante de grandes públicos anônimos ou de pequenas plateias de personalidades, Inezita conquistava a todos. Ela se apresentou para gente como os presidentes do Brasil Jânio Quadros e Juscelino Kubitschek ou o português Craveiro Lopes, no poder entre 1951 e 1958. Todos autografaram seu violão branco, e Craveiro escreveu nele um convite para ela e os Jograis de São Paulo se apresentarem em Portugal.

Inezita não pôde atender ao convite do presidente português. Em meados de 1957, estava em pleno processo de desquite e poderia perder a guarda da filha se saísse do Brasil naquele momento. Os Jograis de São Paulo (com quem se apresentou no Brasil inteiro) viajaram sem ela e passaram por vários países da Europa, prolongando a temporada até a África. No navio, o camarote da estrela partiu vazio.

Em compensação, em 1986, suas apresentações no Pavilhão do Brasil, patrocinado pelo Ministério do Trabalho na Feira de Produtos Brasileiros, em Lisboa, fizeram sucesso absoluto. "Foi em Lisboa" — conta Inezita —, "mas ao final acabei conhecendo praticamente todo Portugal.

Vida de viajante

Tudo lá é perto, e de manhã cedinho eu me enfiava em um ônibus todo quentinho e saía a ver coisas lindas. Gostei muito."

Tempos depois, foi convidada para cantar em Brasília para o presidente Juscelino. Inezita, divertida, conta a história:

"Todos sabem do grande amor que Juscelino tinha pela música. Além de exímio dançarino, era afamado seresteiro, desde seus tempos de estudante em Diamantina. Já presidente, tomava aulas de violão com o grande Dilermando Reis, fato que Juca Chaves ressaltou na sátira 'Presidente Bossa Nova'. Pois um dia toca o telefone em minha casa e do outro lado uma voz se identifica: 'Como está, dona Inezita? Aqui é Juscelino Kubitschek'. Só faltei xingar a mãe do autor do que eu acreditava ser um trote. Imagine o presidente me ligando pessoalmente? Momentos depois toca novamente o telefone e ele, muito divertido com a minha desconfiança, acabou por me convencer. Queria que eu fosse cantar em Brasília, era só acertar os detalhes com seus assessores, que providenciariam tudo.

Tratei de me emperiquitar, mandei fazer vestido apropriado, providenciei as joias adequadas. Ao desembarcar em Brasília, uma limusine me esperava. Instalada no melhor hotel da nova cidade, tratei de descansar e me preparar para o show. Já encontrei na mesa de cabeceira, em dinheiro, o pagamento do cachê. Na hora aprazada lá estava a limusine, que me levou para o Palácio da Alvorada. Pensei ter chegado muito cedo, pois as luzes estavam apagadas. Fui conduzida por corredores atapetados até uma sala onde Juscelino me recebeu, e eu toda enfeitada e preparada para o show. Quando perguntei onde seria a apresentação, ele riu e me disse: 'Aqui mesmo, Inezita. Quero que você cante para mim, e quero cantar com você'. Sentou-se, tirou os sapatos, como de hábito, e abraçou-se a seu violão. Tocamos e cantamos até de madrugada e voltei para São Paulo depois de ter feito show para uma pessoa só. Que ainda participou dele."

Inezita viajou muito, passou a vida na estrada. Andou bastante fora do Brasil, mas, como ela mesma diz, para conhecer um país, seu povo, seus costumes, é preciso permanecer no local por um tempo. Descer do avião, ir para o hotel, se preparar para o show, cantar e ir embora não é conhecer um país. Conhecer mesmo é como aconteceu várias vezes no Paraguai, nos festivais do Uruguai ou da Argentina.

Inezita fez shows pelo nosso país inteiro. No calor de Belém do Pará, ou no frio de Porto Alegre, ela sempre teve plateia lotada e foi coberta de aplausos. Percorreu todo o Brasil com um show que entrou para a história, chamado *Modinhas*, que estreou no Teatro Anchieta, em São Paulo, no dia 10 de março de 1970.

Ficou famoso outro show seu em São Paulo, no Teatro Colombo, no bairro do Brás, onde espetáculos extras tiveram de ser agendados para satisfazer a grande procura do público. O tradicional e desaparecido Colombo, onde astros internacionais se apresentavam (o famoso tenor italiano Carlo Buti foi um deles) foi palco da consagração de muitos artistas, testemunhando inclusive o surgimento de Orlando Silva, "o cantor das multidões".

O que facilitou muito as pesquisas de Inezita foram as viagens que fazia como cantora pelo Brasil inteiro, ininterruptamente, nos melhores e nos piores momentos da carreira.

"Mas o videoteipe atrapalha muito. Antes, para o público ver a cantora, conhecer sua imagem, era necessário que ela fosse pessoalmente aos locais. Hoje o videoteipe coloca todas as imagens na televisão, e as viagens foram diminuindo.

Atualmente eu odeio viajar. Tiro o corpo fora, pois passei a vida viajando para trabalhar e isso acabou por me enjoar. Por exemplo: eu queria muito ir para a Espanha, conhecer praias, enfiar a cara no mar, lavar a cabeça, deitar na areia. Não aconteceu. Só trabalho, estar uma boneca o tempo inteiro, não desmanchar nada, roupinha passada. Meu sonho dourado na vida agora é conhecer o México. O sonho está morrendo, acho que não vai se realizar. A não ser que eu pare de trabalhar."

Vida de viajante

Inezita Barroso sempre foi fiel à música brasileira de raiz, não aderindo aos gêneros do momento.

10.
CAIPIRA DE FATO

Os anos 1950 foram gloriosos para Inezita. Intérprete reconhecida nos palcos, na televisão, nas rádios e no cinema, contava com a melhor estrutura possível. Conheceu grandes nomes das artes, participou dos mais finos jantares, gravou com os melhores músicos. Ainda por cima, com seu programa semanal de folclore, conseguiu tirar do público a imagem de que o caipira era burro.

Mas a maré começou a mudar com a virada da década. A televisão se tornava cada vez mais popular e atraente em termos comerciais. Novos gêneros musicais apareceram aqui ou foram trazidos de fora, e junto com eles surgiram novas atitudes. O jogo da indústria fonográfica estava mudando, e quem não mudasse com ele colocaria sua carreira em risco. Entre aderir ao volúvel e persistir numa crença de vida, o temperamento de Inezita naturalmente a conduziu à segunda opção.

Foi um período muito difícil para os grandes cantores da época. O vozeirão estava saindo de moda — cantar baixinho era a onda do momento. A viola, então, nem se fale: as guitarras elétricas estavam entrando com tudo. Agnaldo Timóteo, Elizeth Cardoso, Cauby Peixoto e outros cantores que soltavam a voz, de uma hora para outra, passaram a ser vistos como "ultrapassados".

A televisão também teve seu papel nessa mudança. Os diretores não queriam apenas cantores — queriam rostos jovens, um visual "moderno". O microfone daria jeito de amplificar as vozes. O programa de Inezita na Record sofreu sucessivas baixas. Primeiro foram os anunciantes: Air France, Nestlé, todos foram migrando para atrações com os artistas da Bossa Nova e, mais tarde, da Jovem Guarda. Depois, a Record afastou o produtor do *Vamos Falar de Brasil*, Eduardo Moreira, que foi parar na TV Cultura. Como a situação estava insustentável, o programa terminou.

A modernidade estava nas grandes cidades, símbolo do impulso industrial daquela época. Nesse contexto, nada poderia parecer mais antiquado ao público que a música caipira. Inezita guarda mágoa dessa época:

> "De repente, começou a Bossa Nova, a Jovem Guarda. Havia uns ritmos estrangeiros também, como o chá-chá-chá. Bastava fazer uns biquinhos, uns olhinhos, e tudo bem. E não era isso que a gente queria, pois tínhamos sólidos pilares em estudos de música. Para nós, ia passar em uma semana aquelas músicas levinhas, bobinhas, sem conclusão nenhuma. Foi uma quebra na nossa carreira. Se você já tem uma carreira musical consolidada, não vai voltar atrás para ser Jovem Guarda. Continua na sua. Aí pediam: 'Grava uma coisa assim, alegre, para dançar, porque está na moda'. Jamais. Não estou cantando para ninguém dançar. Ou gravo o que quero, ou não gravo."

E ela realmente só gravou o que quis. Quando a gravadora não aceitava o repertório, ela simplesmente não gravava. Foram vários períodos de "geladeira": cada novo modismo que monopolizava o mercado era mais um tempo de espera para a verdadeira musa da música tradicional brasileira. Entre 1964 e 1968, Inezita Barroso gravou somente um LP (*Vamos Falar de Brasil, Novamente...*, de 1966). Depois houve mais um período de vacas magras entre 1973 e 1977, com apenas mais um LP novo lançado (*Inezita em Todos os Cantos*, de 1975). Repertório inédito (e escolhido com muito critério) não faltava a Inezita, mas a gravadora considerava mais seguro relançar os antigos sucessos para abocanhar a fatia de mercado que continuava fiel à música tradicional. Mais para frente, já na década de 1980, com a moda da música sertaneja "moderna" — que, vale dizer, é diferente da música caipira —, Inezita amargaria mais dois períodos sem lançar álbuns.

A falta de reconhecimento no Brasil era compensada por eventuais idas ao exterior. Em 1960, por exemplo, Inezita voltou ao Uruguai para participar do I Festival Sul-Americano de Folclore, em Salinas. Como de costume, foi considerada a melhor apresentação de todas.

Dos poucos amigos que continuaram presentes na vida de Inezita logo após o desquite, menos ainda restaram durante esse período de ostracismo. Felizmente as apresentações continuaram, principalmente no interior. Inezita levava a filha Marta para o interior de São Paulo, Mato Grosso, Goiás, Brasília e todos os lugares em que fazia shows. Os recitais

Inezita Barroso em Salinas, no Uruguai, onde se apresentou no Club Albatros durante o *I Festival Sudamericano del Folklore: Danzas y Cantares de América*, realizado entre 30 de janeiro e 14 de fevereiro de 1960.

em teatro se tornaram mais escassos, mas ainda aconteciam, principalmente com os Jograis. Nas férias, mãe e filha iam para o apartamento em São Vicente e passavam o tempo no Ilha Porchat Clube. Nessa época, Inezita encontrava muito as amigas dos tempos do Caetano de Campos, casadas e com filhos, ótimas companhias para Marta.

A casa da rua São Bartolomeu, em Perdizes, era um refúgio para as duas. Era uma casa ampla, com piscina, brinquedos, pássaros e cachorros. A própria dona da casa fazia os painéis de cerâmica que enfeitavam o quintal, usando a boa e velha técnica do craquelê. Havia até um lampião de gás autêntico, doado pela companhia de eletricidade à intérprete. O terraço foi transformado em um cômodo para guardar as estantes dos muitos livros de Inezita. Lá, a cantora sentava e ouvia suas músicas favoritas. Isso quando sobrava tempo.

Em 1962, a vida não estava fácil para Inezita. Longe do cinema e da televisão, cada vez menos presente no rádio, tinha apenas as apresentações para garantir a renda. Muito a contragosto, ela teve de pensar em alternativas profissionais. Nessa época, pensou até em largar de vez a carreira artística para se tornar bibliotecária ou professora. Foi num ímpeto de fúria que ela, um dia, acendeu a churrasqueira, queimou seu violão amarelo, o favorito, e pensou: "Não vou tocar nunca mais!". Felizmente isso não ocorreu.

Mas a cultura nacional perdeu uma contribuição valorosa quando Inezita se livrou dos originais de seu livro *Roteiro de um violão*, fruto da viagem de jipe ao Nordeste. O livro ainda não estava finalizado, faltava completar alguns detalhes da viagem, dar mais minúcias a alguns festejos que ela havia presenciado. Mas um dia, irritada com a perda dos patrocinadores de seu programa de televisão, ela deu um trágico destino aos manuscritos. Novamente o fogo, desta vez da lareira da casa. Inezita achava que ninguém iria gostar daquilo. Hoje, lamenta a perda. Dos registros, restaram apenas algumas poucas fotos — nenhuma delas com o jipe — e algumas músicas gravadas em discos dela, nos quais aparecem como "recolhidas e adaptadas por Inezita Barroso".

> "Comecei a me aborrecer. Foi aí que comecei a dar aula de violão e de música. E não era o que eu queria fazer, eu queria me apresentar. Me dava umas loucas às vezes, e eu pensava: 'Vou mudar tudo daqui em diante e vou fazer outra coisa'. Fiz assim com marido, fiz assim com carro..."

Inezita Barroso diante de sua casa na rua São Bartolomeu, no bairro de Perdizes, em São Paulo.

Por ironia do destino, foi a própria Jovem Guarda que garantiu o sustento de Inezita como professora de violão. Com a febre do iê-iê-iê, todos os jovens alunos queriam aprender a tocar as músicas de Roberto Carlos e companhia. Ensiná-las não era muito difícil, pois complexidade harmônica não era o forte daquelas canções. "Com três aulas a criança de oito anos já aprendia o 'Calhambeque' e todo o repertório, porque só precisava aprender três posições no violão", brinca Inezita, hoje. Mas naquela época essa experiência foi bastante amarga. Só alguém com sangue de barata não se ressentiria de trabalhar das oito da manhã até o fim da noite sem parar, ensinando um repertório que odiava. Poucos eram os alunos que se interessavam pela música brasileira mais tradicional.

Não bastasse ter de ensinar as músicas de Roberto Carlos a seus alunos, Inezita ainda tinha de ouvi-las nas horas vagas. Marta estava entrando na adolescência — e, como grande parte dos adolescentes, adorava os cantores do momento. Ela e suas colegas do Colégio Rio Branco frequentavam o programa *Jovem Guarda*, que estreara em 1965, e tinham todos os discos dos Beatles, do The Mamas and the Papas e de outros grupos nacionais e internacionais, como conta a própria Marta:

> "Era a grande época do Roberto Carlos e do programa dele, que era na Record. Eu me dei bem, porque adorava, então eu ia a todos os programas, era muito fácil. E a minha mãe não gostava. Como eu era bem adolescente, botava o disco alto, ouvia de manhã, à tarde e à noite. E eu nem liguei uma coisa à outra, não entendia por que ela não gostava. Não caía a ficha. Na época ela era muito brava comigo."

Foram anos e anos, mais de uma década, dando aulas de violão, primeiro na casa da rua São Bartolomeu, depois num apartamento em Higienópolis.

Em 1970, uma firma norte-americana encomendou a Inezita a produção de um documentário para a Expo 70, que se realizaria em Osaka, no Japão. O filme retratava cenas da música brasileira nas praias, nas casas de caboclos, tudo do jeito que Inezita gosta, e foi exibido em 118 canais de televisão de todo o mundo. Foi nesse ano que Inezita retornou às telas de cinema, numa participação no documentário *Isto é São Paulo*, de Rubens Rodrigues dos Santos. O filme traçava a história da Pauliceia desde sua fundação até o ano em que foi filmado. Inezita aparecia como ela mesma, fazendo a narração, acompanhada dos Jograis.

Uma década depois de a gravadora Copacabana lançar o magistral *Clássicos da Música Caipira* (1962), Inezita finalmente conseguiu que o segundo volume da série de quatro fosse ao mercado, em 1972. Os dois últimos só seriam lançados em 1978 e 1980, respectivamente:

> "Nos anos 1960 eu era contratada da Copacabana e gravei vários discos. Queria aproveitar o que eu acreditava serem os últimos compradores de discos folclóricos e tratei de registrar o máximo possível. Gravei uma série de quatro LPs que era sobre música caipira, sobre viola, tudo muito bem cuidado.

Quatro vinis deste tamanhão, doze polegadas, cabia bastante coisa bonita. Estudei e pesquisei muito, e aí foram lançados os *Clássicos da Música Caipira*, nºs 1 e 2. Como a vendagem do 2 não foi lá essas coisas, eles quebraram a série, e o 3 e o 4 foram lançados com o nome de *Joia da Música Sertaneja*. 'Joia' estava na moda e servia para tudo, era moderno. Argumentei que 'joia' era um termo do dia, e em um mês ninguém mais lembraria. Não adiantou, o nome foi mudado, mas na realidade os dois primeiros volumes são os mais sérios e melhores."

As apresentações continuavam, os discos vez por outra saíam, e em 1975 a filha, Marta, se casou e saiu de casa. Mesmo assim, Inezita só conseguia manter as contas em dia por causa das aulas de música que ela dava em casa. Um dia, decidiu que deveria abrir um conservatório onde pudessem ser dadas aulas de piano e violão com uma estrutura melhor do que a oferecida em seu apartamento. Alugou uma casa bem espaçosa na avenida Santo Amaro, no Brooklin, e montou um conservatório impecável. Mas a inexperiência no ramo levou o negócio ao fracasso: Inezita inaugurou sua academia de música justamente em dezembro, durante as férias. É óbvio que quase ninguém se matriculou.

Mas a cantora e aspirante a empresária não se fez de rogada. O conservatório não havia dado certo? Então que se transformasse em outra coisa. Afinal, as despesas iam se acumulando e o aluguel do imóvel comercial não era barato. Como a escola de música já tinha também aulas de artesanato e culinária brasileira, Inezita pegou umas cinco mesas redondas e começou a servir pratos. Foi assim que a academia de música se tornou a Casa da Inezita, um restaurantezinho de comida caseira, bem brasileira. Em apenas um mês, já eram doze mesas, sempre cheias, e havia fila na porta. E não eram só os fãs da culinária regional que iam lá: turistas japoneses, alemães e de outras nacionalidades, que queriam conhecer a cozinha brasileira, invadiam o local.

É claro que a Casa da Inezita não era só um restaurante. A proprietária sempre apresentava um grande repertório caipira, acompanhada pelo regional do bandolinista Evandro. O grupo também tocava chorinho, só instrumental, mas as noites mais concorridas eram as que contavam com a dona da casa.

Mas volta e meia aparecia um show de sábado no interior com um cachê irresistível, e Inezita escalava alguma substituta para cobri-la. Não

Caipira de fato

dava outra: muita gente que ia ao restaurante simplesmente dava meia-volta ao descobrir que Inezita não cantaria naquela noite. Esse conflito de agendas começou a pegar mal, e a frequência foi diminuindo. A verdade é que o restaurante passou a tomar muito tempo da vida da artista e professora, e o dilema inevitável logo veio: ser artista ou dona de restaurante? Um incidente resolveu o impasse, pondo fim à Casa da Inezita após um único ano de sucesso:

"Eu fazia tudo no restaurante e sempre precisava ficar de olho na cozinha, onde um cozinheiro baiano, muito bom, só me dava dor de cabeça. Ele era meio malandro, tinha de ser cuidado o tempo todo. Eu colava as receitas dos pratos da casa no azulejo da cozinha: vatapá assim, assim; cuscuz paulista beira-rio, assim. E tinha um prato que era famoso, servido antigamente em uma pensão, aos universitários do Largo de São Francisco. Lembrei-me daquele picadinho, fui buscar a receita em meus livros e virou sucesso. O segredo era fazer a carne cortada a facão em cubos, bem macia, e cozida no tempero de molhos de cheiro, embrulhada em tecido de cortinado, aquele todo furadinho, que era retirado na hora de servir. A receita não era difícil e dava o maior resultado, com aquele molho de carne delicioso, cheiroso, aqueles temperos todos. Comia com colher em prato fundo. Em pouco tempo, o picadinho à São Francisco virou o carro-chefe da casa.

Uma noite, o tal cozinheiro baiano entrou em crise. Recusou-se a fazer o picadinho, dizendo que não cozinhava aquilo, que era comida de cachorro. Discuti com ele na cozinha, mas parei a tempo, pois o homem estava cercado de facas, faquinhas e facões. Para satisfazê-lo, suspendi o picadinho, mas as pessoas iam ao restaurante justamente para comer o picadinho São Francisco, o cuscuz beira-rio. Tive que mandar o homem embora, mas ele passou a rondar o restaurante, sentava-se nas mesas como cliente e criava um clima ameaçador. Me deu um trabalho terrível, a ponto de várias vezes ter de chamar a Rádio Patrulha para tirá-lo de lá."

Foi a gota d'água. Inezita decidiu dar um basta: seu negócio era mesmo cantar. Não tinha paciência para ficar fazendo contas, controlan-

Com o Regional do Evandro no restaurante Casa da Inezita, em 1975.

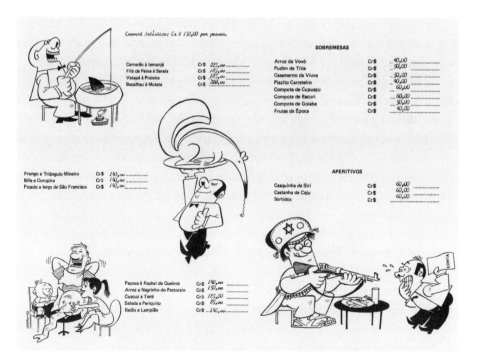

Menu da Casa da Inezita, com as divertidas ilustrações de Otávio.

do o estoque, recebendo clientes e, ainda por cima, pajeando o cozinheiro. Mesmo assim, a Casa da Inezita foi um dos muitos prenúncios de que tempos melhores estavam chegando, para ela e para a música brasileira.

Um deles foi o bar Jogral, criado por Luiz Carlos Paraná na metade dos anos 1960 e que chegou ao auge da popularidade em 1970, ano da morte prematura do compositor. Para Inezita, as apresentações naquele bar "salvaram o samba" em São Paulo. Por "samba", entenda-se tanto o tradicional como o samba-canção. Adauto Santos, Noite Ilustrada, Toninho Carrasqueira e Paulo Vanzolini eram *habitués* das mesas mais disputadas da Galeria Metrópole e, depois, da rua Avanhandava.

Adauto até chegou a brincar com Inezita quando ela disse que cantaria a "Moda da Pinga" na viola, em pleno Jogral. Deu tão certo que a partir daí o próprio Adauto perdeu o medo de tocar o instrumento caipira por excelência no reduto do samba. Ficaram célebres também os repentes desfiados por Vanzolini e pelo dono do bar, um desafio melhor que o outro na viola. Inezita guarda boas recordações também do Terceiro Uísque e do Telecoteco, outros bares do centro e do Bexiga que resistiam aos modismos e tinham ótimas apresentações de música brasileira.

Inezita adora o samba, mas já havia comprado a briga do universo caipira. Mais do que nunca, ela queria provar que o caipira é esperto e tem uma cultura riquíssima. Seu repertório estava cada vez mais voltado para a música rural de São Paulo, Minas e Goiás, entre outros estados.

Em 1975, foi convidada a participar da peça *Romaria*, escrita pelo crítico e diretor teatral Miroel Silveira e pela escritora e folclorista Ruth Guimarães. Depois de fazer grande sucesso na capital, a história ambientada no Vale do Paraíba percorreu o interior paulista, principalmente as cidades do vale, Taubaté, Caçapava, Pindamonhangaba, São José dos Campos e, naturalmente, Aparecida do Norte. Inezita cantava entre um quadro e outro. Foi nessa montagem que ela apresentou a canção "Romaria", de Renato Teixeira. A prece do caipira distante de sua terra só foi estourar com Elis Regina dois anos depois, em 1977. Daí, tocou nas rádios, virou trilha de série televisiva... Era o caipira voltando ao centro da cena.

E não haveria lugar melhor que a Praça da Sé para ser o palco desse retorno. Em 1984, Inezita conseguiu concretizar o seu Auto de Natal na mais conhecida praça de São Paulo. *Um Natal Brasileiro* foi encenado também em outros teatros e reapresentado por mais dois anos. Fora Inezita e o Bando Flor do Mato, que fazia o acompanhamento musical, o

Um Natal Brasileiro, o Auto de Natal com o elenco de crianças e o Bando Flor do Mato, apresentado em 1984.

elenco era todo composto por crianças. A história do nascimento de Jesus tinha pastoril, bumba meu boi e muitas outras manifestações genuinamente brasileiras. Inezita não esconde que seu grande sonho é poder encenar o auto na televisão, mas até hoje não conseguiu realizá-lo.

O espetáculo da Praça da Sé tem uma história curiosa. Chovia a não mais poder, as dez mil pessoas que foram à apresentação estavam encharcadas. O palco tampouco escapou, e todos os instrumentos ficaram molhados. Na saída, Inezita foi parada por um morador de rua. O homem pegou a mão dela e colocou uma nota de cem cruzeiros. "O senhor está enganado, a gente dá nota de um cruzeiro para as pessoas autografarem", disse Inezita. O mendigo, emocionado, disse que não estava enganado, não: aquilo que havia sido apresentado no palco era um reisado da terra dele e ele precisava fazer um gesto de reconhecimento.

Moraes Sarmento e Inezita Barroso na gravação do programa *Viola, Minha Viola*, da TV Cultura de São Paulo.

11.
ÊTA, PROGRAMA QUE EU GOSTO!

A oportunidade de apresentar o Auto de Natal na Praça da Sé não surgiu por acaso. Depois de mais de uma década praticamente na "geladeira", Inezita deu uma série de pequenos passos até voltar ao rádio e à televisão, que a haviam consagrado nos anos 1950.

Durante a década de 1970, a TV Cultura era um polo de novas experiências televisivas. A emissora pública paulista contava com profissionais inventivos e ousados, criadores de programas que marcaram época. Um deles era o jornalista e produtor Júlio Lerner (1939-2007). Além de criar programas jornalísticos como *Homens de Imprensa* e *Panorama*, ele foi responsável por atrações musicais premiadíssimas, como *Muitas Histórias da MPB* e *O Choro das Sextas-Feiras*. Graças a ele, Inezita reapareceu na telinha em algumas participações especiais. Ela até hoje recorda de uma frase de Júlio Lerner: "Você não vai sumir mais, você vai ficar aqui fazendo programa com a gente".

Não deu outra. Poucos anos depois, Nydia Lícia, diretora musical da Cultura e velha conhecida dos tempos do TBC, convidou a cantora para apresentar uma atração que havia estreado havia poucos meses.

E foi assim que, em 1980, Inezita passou a comandar um dos programas mais longevos da televisão brasileira: o *Viola, Minha Viola*. Com o bordão "Êta, programa que eu gosto!", ela faz até hoje a festa do interior mais bacana dos meios de comunicação brasileiros:

> "No começo era um programa de estúdio, apresentado pelo já falecido radialista Moraes Sarmento. Com ele na apresentação estava também Nonô Basílio, um grande compositor mineiro. Mas eles achavam meio sem graça não ter uma mulher por lá, só os dois homens. Quando Nonô se mudou para Pouso Alegre, sugeriu meu nome para fazer dupla com o Sarmento. Ele acreditava que um casal seria mais bonito que dois homens. Como eu não tinha contrato com ninguém, andava fazendo

meus shows pelo Brasil, fazendo as viagens que gosto, cantando em tudo quanto era rádio e televisão; gostei da ideia. O *Viola, Minha Viola* tinha começado em abril de 1980, e eu entrei em agosto."

Moraes Sarmento e Inezita logo se tornaram amicíssimos. Apresentar o *Viola* com Sarmento era diversão garantida: ele era uma ótima pessoa. Mas, por outro lado, podia se irritar com facilidade. Como a escolha dos convidados era feita pela produção, os apresentadores quase não opinavam. Na hora de apresentar as atrações da semana, Moraes se vingava: olhava para as fichas e separava aquelas com os nomes de quem ele se recusava a chamar ao palco. "Esse aqui não presta!", e jogava o papel no colo de Inezita para ela apresentar.

Não à toa, foi ele quem cunhou o termo "sertanojo" para se referir aos cantores "moderninhos" (na palavras de Inezita) que começaram a surgir nessa mesma época. A produção do programa não gostou muito da brincadeira: todo mundo queria faturar com a onda das duplas sertanejas. Mas os apresentadores do *Viola, Minha Viola* bateram o pé, como conta Inezita:

> "A gente não mandava nada. Aí o pessoal do programa queria ser moderninho, queria chamar o Chitãozinho e Xororó. Eles cantavam bem quando eram crianças, mas agora com essa tremedeira aí parece que baixou a esquadrilha da maleita.... E ficou todo mundo imitando, acharam bonito.
>
> O que tentaram arrebentar o *Viola* não foi fácil. Eu falei: 'Nessa eu não vou, não'. Aí eu comecei a escolher: esse aqui entra, esse não entra, fui dando os meus palpites. E os produtores sempre querendo 'modernizar' o programa, para dar mais audiência. Até que foi trocando de produção, foi ficando melhor. E está aí no ar até hoje, sem nenhum intervalo, sempre apresentando música caipira. Não confundir com música sertaneja, que virou essa coisa aí.... E no fim só deu audiência porque não é igual aos outros, não é 'moderninho'. Hoje o programa está ótimo."

O companheiro de apresentação viria a falecer em 1998, deixando para Inezita quase duas décadas de ótimas lembranças. Depois das gra-

No *Viola, Minha Viola*, em 13 de outubro de 1980. Além da apresentação com Moraes Sarmento, Inezita também cantava no programa.

Com a saída de Moraes Sarmento, Inezita passou a comandar sozinha o *Viola*, e em 2013 continuava a soltar a voz no programa criado pelo amigo.

vações, era regra sair para comer e ficar até tarde jogando conversa fora. No começo do programa, a equipe do *Viola* ia sempre a uma pastelaria que ficava perto do auditório. Era uma festa. Mas, como a gravação terminava tarde, a dona não ficava muito feliz com a clientela. Um puxava o violão, outro pegava a sanfona — enquanto isso, os funcionários lavavam o chão, punham as cadeiras em cima da mesa, baixavam a porta de aço...

A região da Luz, onde o programa é gravado, não era exatamente pródiga em bons bares e restaurantes, mas mesmo assim o pessoal vez por outra arriscava ir a alguns lugares. Numa dessas, Inezita foi parar num botequim na rua Aurora, no meio da "zona", em que havia apresentações de harpa paraguaia. Ela se apaixonou e logo quis aprender a tocar. O músico ("acho que o nome dele era Johnny") se propôs a importar o instrumento para ela, e pouco tempo depois começaram as aulas. "Índia", "Recuerdos de Ipacaraí", todas as guarânias e os boleros mais conhecidos Inezita aprendeu. Pena que a brincadeira não durou muito: um dia, a faxineira de Inezita passou um escovão na harpa e destruiu o instrumento.

A sintonia entre Moraes e Inezita era tão boa que alguns até achavam que os dois eram casados. Certa vez, num restaurante que costumavam frequentar com a equipe do programa numa travessa da avenida São João, um homem deixou o prato de lado, virou a cadeira e começou a encarar Inezita. Ele também era *habitué* do local, às quartas-feiras, dia em que gravavam o *Viola*. Irritada, ela quis saber com o garçom o que estava acontecendo. "Aquele cara é um louco. Diz que você vem aqui às vezes sozinha, que deixa o marido em casa", ele respondeu. Naquele dia, Moraes Sarmento não havia ido junto com eles. "Que marido?", ela perguntou. "A senhora não é mulher do Sarmento?". "Respondi que não, que eu era amiga da mulher do Sarmento! O cara estava bravo que eu estava sozinha!", conta Inezita, entre risadas.

Outro companheiro por longos anos do programa que também já não está entre nós foi Robertinho do Acordeon. Ele e Inezita se conheciam desde a época da Rádio Record, quando ele tocava no Regional do Miranda e acompanhava cantores e cantoras da emissora. Tempos depois, ele foi diretor artístico de um restaurante português, a Adega Lisboa Antiga, que também funcionava como casa de fados. Como queria diversificar a programação, Robertinho passou a convidar artistas brasileiros também. E lá foi Inezita para uma semana de apresentações. É claro que o sucesso foi estrondoso, e a cantora precisou esticar a temporada por mais três meses.

É por isso que, quando a TV Cultura contratou o Regional do Robertinho para tocar no *Viola, Minha Viola*, em 1981, a afinidade entre os dois foi instantânea. Robertinho era sem dúvida um ótimo acompanhante para os convidados do programa, mas era com a apresentadora que aconteciam os momentos mais emocionantes. Ele sabia dos tons mais adequados para ela, conhecia os momentos em que Inezita iria carregar mais a voz — uma combinação perfeita. Inezita até se tornou madrinha da filha de seu fiel escudeiro.

Por falar em fidelidade, uma das mudanças mais importantes na história do *Viola, Minha Viola* foi a transferência das gravações para o Teatro Franco Zampari, na avenida Tiradentes, 451. Isso porque o programa passou a contar com uma plateia — que logo se mostraria das mais assíduas. Hoje, é impossível imaginar o *Viola* sem seu animadíssimo público.

Os primeiros espectadores chegam bem cedo para garantir lugar. Depois, ônibus e mais ônibus chegam para levar fãs do interior à gravação do programa. Tem gente que frequenta desde o primeiro programa, sem perder uma edição sequer, como Catarina e Santo Portela. Alguns sabem mais sobre as gravações do que a própria Inezita:

> "Eles sabem tudo, ligam para a produção para saber o horário, as férias, sabem mais que eu. Cantam as músicas junto. Fizeram uma espécie de clubinho fora do programa. E a comilança que tem lá? O pessoal leva bolo de fubá, coxinha, cada um leva um prato coberto e passa para a fila inteira. Os câmeras dão sempre uma escapadinha para comer... É muito gozado!"

Ao final do programa, o público sempre demonstra o carinho que tem com abraços, pedidos de fotos e autógrafos e, principalmente, presentes, muitos presentes. Panos de prato, chapéus, instrumentos em miniatura, broches... Tudo devidamente guardado e catalogado por Inezita, que além de tudo tem uma ótima memória para lembrar quem deu o quê.

Depois de trinta anos, algumas passagens especiais pelo palco do programa se destacam. Grandes amigos, como a dupla Tonico e Tinoco, estiveram dezenas de vezes no *Viola, Minha Viola*. Já vimos lá atrás que

Êta, programa que eu gosto!

Inezita praticamente viu a dupla surgir na Rádio Tupi, quando ainda nem era cantora profissional. Depois, ela faria uma gravação que consagraria de vez o sucesso "Chico Mineiro", composto por Tonico, já falecido. Tinoco se lembra até hoje que sua primeira apresentação no programa coincidiu com a estreia de Inezita no comando da atração. Nada mais apropriado, não é?

Outra dupla com longa ligação com Inezita Barroso era Pena Branca e Xavantinho. A cantora os conheceu quando eles ainda faziam parte da Orquestra de Violeiros de Guarulhos, no final dos anos 1970. "Vocês cantam tão bonito!", ela disse na época, e os incentivou a cantar e tocar em dupla. Não deu outra: em 1980, os irmãos lançaram o primeiro disco juntos.

A inesquecível violeira sul-matogrossense Helena Meirelles (1924-2005) também foi parar na televisão graças a Inezita. Sua primeira aparição de destaque foi no programa *Mutirão*, que Inezita apresentou na Rádio USP a partir de 1988. Não demorou para ela parar no palco do *Viola*: tímida, bicho do mato, jeito de principiante. Mas quando começou a tocar aquela viola... O auditório veio abaixo.

Infelizmente, o jeitão rude de Helena — que teve uma vida duríssima antes de se projetar no cenário musical — incomodou algumas pessoas da produção do programa. Olhares tortos para cá, comentários maldosos para lá, e numa dessas a violeira sacou tudo. Foi difícil convencê-la a voltar ao programa depois. Mas com Inezita ela tinha um carinho especial. Sempre lembrava em entrevistas que foi ela quem a levou à televisão, quem deu projeção à sua carreira. No entanto, só depois de ser destacada pela revista norte-americana *Guitar Player*, em novembro de 1993, é que todo mundo quis saber quem era Helena Meirelles.

Helena deu a Inezita dois presentes inesquecíveis: duas palhetinhas de chifre que ela mesma fez e um guizo de cascavel de sete anos para amarrar na viola. A cantora tinha pedido o guizo ("Isso é só o que tem no meu estado: um monte de cobra!", respondeu Helena) e achou que a violeira se esqueceria. Um dia, chega um Sedex na casa de Inezita: era uma caixa de sapato, com outra caixa dentro, e outra, e outra, até chegar numa de fósforo, que tinha o guizo dentro.

Apesar de o *Viola* ser um programa de música caipira, de raiz, sempre há espaço para artistas de outras praias — desde que sejam respeitadores da música genuinamente brasileira. Presença constante são os músicos ligados ao festival Violeiros do Brasil, do SESC, que tocam o ins-

Inezita e o amigo violeiro Roberto Corrêa, com quem gravou
os CDs *Voz e Viola* (1996) e *Caipira de Fato* (1997).

trumento caipira, mas passeiam pela música erudita e tocam com partitura. Rui Torneze, Ivan Vilela, além do companheiro de dois discos Roberto Corrêa são alguns desses nomes que deram uma sonoridade nova ao instrumento. Roberto tem um carinho enorme por Inezita, para ele "a maior cantora de todos os tempos" e "rainha dos violeiros". O músico ficou impressionadíssimo ao gravar com Inezita, por sua capacidade de gravar tudo de primeira, perfeitinho: "Eu tinha de estar extremamente concentrado, porque, se eu cometesse um equívoco, ela não voltava a gravação. Só repetia no final". Sobre os novos violeiros, Inezita diz:

> "Surgiram muitos violeiros que tocam por partitura. A caipirada não sabe ler nada, é tudo intuitivo, por ouvido. É diferente, mas tem espaço, e é válido porque retoma a viola. A orquestra do Rui Torneze, por exemplo, toca com partitura. Na minha modesta opinião, fica meio quadradinho, mas é bonito, é bem tocado. O Roberto Corrêa não usa partitura, mas tem técnica erudita. Outro dia eu toquei com oito deles no Auditório Ibirapuera, foi muito bonito."

Êta, programa que eu gosto!

Um que não é da roça, mas sempre encanta no *Viola*, é Agnaldo Timóteo. O público o ama do mesmo jeito. Outros sucessos de público são Almir Sater e Sérgio Reis. Este último, aliás, tem uma trajetória engraçada, pois começou a carreira logo na Jovem Guarda. Depois de uns anos, o produtor Tony Campello, da RCA Victor, achou que ele já estava velho demais para aquele tipo de música. Deu uma porção de discos de Inezita ao cantor e pediu para ele ouvir. Foi do repertório de Inezita que vieram as músicas do primeiro disco "raiz" de Sérgio Reis. Vejam o que disse o cantor, em 2001, sobre Inezita:

> "O programa *Viola, Minha Viola*, da TV Cultura, está completando vinte anos. Espera, gente, preste atenção: vinte e um anos! Quem conhece um pouco da televisão, seus programas ditados sempre por índices de audiência e o famoso 'jabá' (quando o artista ou a gravadora paga para aparecer no programa) deve ficar orgulhoso com essa marca. Inezita Barroso vem atropelando todos os modismos produzidos pela indústria cultural. O *Viola* passou pela onda da discoteca, do rock, do sertanejo, do pagode, do axé, e agora do tal funk. Apesar de ser dirigido por pessoas e equipes competentes, é mais que evidente que o programa é Inezita. Este último reduto da TV brasileira que resiste ao chamado do mercado, só sobrevive graças a ela. É por todos esses motivos que sempre que ligo a televisão e me deparo com o *Viola, Minha Viola*, dá vontade de assistir ajoelhado. Viva Inezita Barroso!"

Apesar do sucesso longevo do *Viola, Minha Viola*, Inezita não teve tanta sorte com seus contratos fonográficos. Primeiro, ficou sem gravar LPs entre 1981 e 1984, quando a música sertaneja "moderna" já dava passos largos rumo ao sucesso. O contrato de décadas com a gravadora Copacabana terminou. Em 1985, assinou com a Líder, uma gravadora de breve passagem no mercado, e gravou o disco *Inezita Barroso, A Incomparável*. Até hoje ela não recebeu um tostão de direitos autorais. Como ela se recusava a gravar com teclados eletrônicos, teve de esperar a moda passar. Só em 1996 ela voltaria a ter alguma regularidade na gravação de discos — agora, CDs.

Mas o rádio continuava falando forte ao espírito nacionalista de Inezita. Ela mesma conta:

Caçulinha, Sérgio Reis, Inezita e Zé do Rancho no *Viola, Minha Viola*, cantando "O Menino da Porteira" com a plateia, em 2012.

"Em 1988 eu me inventei como apresentadora na Rádio USP, a emissora mantida pela Universidade de São Paulo. Eu era superentusiasmada pelo meu trabalho e, sendo uma rádio universitária, tinha certeza do apoio à filosofia folclórica do programa. Tocava as músicas brasileiras mais bonitas, corria atrás de entrevistados importantes do Brasil inteiro. Era um deles chegar a São Paulo, que eu corria atrás. Poetas, cantadores, compositores, músicos, lá ia eu buscar. Levei Patativa do Assaré (última entrevista antes de ele morrer), levei Antenógenes Silva na talvez mais bonita entrevista que fiz. Já bem idoso, era levado por uma sobrinha, que carregava seu instrumento, faltavam-lhe forças. Mas sentava, a menina colocava a sanfona em seu colo e, quando ele abria aquele fole, caía a casa, era uma beleza. Contou sua vida inteira, contou a história de 'Saudades de Matão', restabelecendo sua verdadeira autoria; foi realmente uma grande entrevista.

Êta, programa que eu gosto!

Até que um dia encrenquei na Rádio USP. Eu pagava tudo do meu bolso, a produção, a condução, e ganhava uma porcaria, um cachê simbólico de 500 mil-réis. Um dia fui receber — tinha tido uma greve de professores — e na tesouraria me informaram: 'Este mês é 250 mil-réis, é ordem do reitor pagar a metade, por causa da greve'. Mas eu não era contratada da universidade, não dava aulas na USP. Era produtora independente, pagava tudo que levava, até as fitas cassete usadas nos programas era eu quem comprava. Os 250 mil-réis não pagavam nem o táxi de minha casa no Pacaembu até a Cidade Universitária. Falei com a diretora, que só dizia: 'Que pena, que pena', mas dar valor ao trabalho, nem pensar. Disse até logo, botei a viola no saco e sumi."

A diretora da Rádio Cultura de São Paulo, Maria Luiza Kfouri, já tinha convidado Inezita para apresentar um programa caipira naquela rádio. Mesmo entusiasmada, argumentou que programa de entrevistas não tinha problema, mas era completamente inexperiente naquele negócio de apresentar música, de ser uma *disc-jockey* caipira. Maria Luiza não aceitou o argumento e — era 23 de dezembro — no dia primeiro de janeiro, inaugurando o ano de 1990, estreou *Estrela da Manhã* (o nome foi sugerido por um funcionário da rádio, fã da estrela Inezita), que foi comandado por ela durante nove anos. Falando e tocando tudo do folclore brasileiro, das músicas e composições e seus queridos caipiras.

Inezita só tem grandes recordações daqueles anos todos. As ondas curtas distribuíam o programa para distâncias enormes e ela mantém (olha a bibliotecária de vocação) cartas de Tucuruí e outras cidades lá de cima, no Norte brasileiro; de países vizinhos como Paraguai, Uruguai, Argentina. Por ironia, teve de abandonar o programa por um curioso problema. Uma das coisas com que ela não consegue conviver é ar-condicionado: "Seca tudo. Garganta, os olhos, o nariz — uma vez fui fazer o programa de lentes de contato e elas saltaram para cima da mesa, de tão secas. Ar-condicionado seca até represa". Pois era uma batalha diária, a apresentadora contra o aparelho de ar, rolos de papel-toalha aparando a rinite contraída pela diferença de temperatura, 12 graus no estúdio e 40 fora. E toca a enfrentar um ritual de a todo o momento pingar remédio nas narinas ressecadas.

Inezita Barroso no estúdio da Rádio América, em São Paulo, onde gravava o programa *Minha Terra*, em 2004.

"Pedi para aumentarem a temperatura do estúdio, mas me explicaram que o ar-condicionado era central e era necessário manter o aparelho nos 12 graus na emissora inteira. Ora, não sou aparelho, então vou embora para casa. Larguei o *Estrela* nas mãos do Muibo Cury. Foi muito bem largado, ele é muito competente. Fiquei 'só' com a televisão, os shows e as aulas nas duas faculdades onde leciono..."

Mas o apelo do rádio permanecia, e de abril a novembro de 2004, a convite do professor e radialista Pedro Vaz, apresentou o programa *Minha Terra*, na paulistana Rádio América AM. Não esquentou cadeira, pois se recusa ser "levantadora de audiência em horários ruins". Cada vez que sua audiência aumentava, era transferida para outro horário, para chamar resposta do público. Bastava a audiência subir para trocarem novamente o horário. "Não tenho paciência para essas manobras. Pedi o boné e fui outra vez para casa."

Êta, programa que eu gosto!

Inezita Barroso na Casa do Bandeirante, em São Paulo, edificação do século XVII restaurada e aberta ao público em 1955.

12.
PRESERVANDO TRADIÇÕES

Se há uma coisa com a qual Inezita não concorda é com a conhecida afirmação segundo a qual este país não tem memória: "Tem memória, sim senhor! O que este país não tem é gente interessada em preservar essa memória e passá-la adiante, fazendo com que as novas gerações a conheçam". Mas não será por esse pecado que Inezita Barroso não entrará no céu. Já vimos que desde menina exerce sua preocupação com a preservação da cultura rural e, desde aquela época, anda pelo Brasil recolhendo material folclórico para — depois de devidamente estudado e explicado — passá-lo a quem vem vindo.

A viola é um exemplo poderoso. Até ser popularizada por Inezita, era tida como um instrumento tosco dedilhado por caipiras sem nenhuma formação musical, algo sem importância para a cultura brasileira. Que ledo engano!, como diria o filósofo. Inezita, com seu trabalho, resgatou o instrumento, devolveu-lhe a dignidade roubada e ensinou a todos a beleza e a importância de suas várias formas. Mostrou que, vinda de Portugal, a viola tornou-se básica na cultura rural brasileira. Explicou — e explica — que no século XVIII foi publicado em Lisboa um tratado denominado *Dona Policarpa, mestra da viola*, que servia para o aprendizado do instrumento do qual já se tinha notícias 2.500 anos antes de Cristo. Séculos depois, nos galpões de fazendas paulistas, seu som encantou uma menina que fez dele seu instrumento favorito e cruza a vida ensinando sua beleza e importância.

Tão importante, que violeiro é cercado de místicas para se garantir bom instrumentista. Todos sabem que no bojo da viola sempre está chacoalhando um rabo de cascavel para garantir proteção ao violeiro. E que a categoria tem até padroeiro: São Gonçalo de Amarante é visto nos altares sempre de viola em punho e invocado nos momentos precisos. O que não impede a lenda do pacto: quando um violeiro é excepcional, consegue um som único e performances extraordinárias, garante-se à boca pequena que ele fez o famoso pacto com o diabo. Para tocar daquela maneira, só pode ter vendido a alma ao tinhoso.

Um sem-número de afinações (dizem que mais de oitenta) da viola foram criadas no Brasil. As mais conhecidas são as tradicionais cebolão, rio-abaixo, goiana e paulistinha; e as menos conhecidas, maxambomba, boiadeira, oitavada, itabira, dos antigos, criminosa, riachão, cebolinha, cana verde, cururu, travessado, vencedora, conselheira e por aí afora, pois cada região tem sua afinação favorita, não se sabendo ao certo quantas são.

Diz-se que, em 1969, ao voltar para Londres depois de passar cinco semanas em férias escondidos em uma fazenda em Matão, no interior de São Paulo, em contato com os violeiros da região, os Rolling Stones lançaram o compacto com a canção "Honky Tonk Women", composta nas férias, e com a guitarra afinada em cebolão em sol. O sertão paulista influindo na história do rock mundial.

"A viola boa", garante a violeira, "tem de ser feita com cedro de baixada. O cedro de morro, castigado por chuva e vento, tem um som que não pode competir com a beleza do cedro de baixada."

Além dos shows, dos programas de rádio e de televisão, a cantora e pesquisadora ainda encontrou tempo para uma atividade muito importante: lecionou e fez palestras sobre folclore em várias escolas e faculdades — e suas aulas são tão gostosas e atrativas como os shows que faz, ensinando não apenas os instrumentos e suas saborosas histórias, mas tudo o que envolve a cultura das mais variadas regiões do país.

Mas como a moça cantora virou professora, autora de peças didáticas e pesquisadora? Ela mesma se encarrega de contar naquela prosa gostosa, que flui naturalmente, como quando apresenta o seu programa *Viola, Minha Viola*:

> "Sempre tive sonhos de ser professora, desde pequena. Uma das brincadeiras favoritas de minha turminha era montar teatrinho no fundo de casa. No teatrinho a gente encenava uma escola (acho que o Ronald Golias ouviu isso em algum lugar e criou seu programa famoso!) e eu era sempre a professora. Com doze, treze anos, assumia a figura da mestra e ensinava mesmo. Até teatro — como já contei — eu escrevia, peças para serem representadas na garagem da casa da vizinha, onde havia espaço parecido com um teatro.

O folheto *Modinhas Populares*, de 1960, dedicado a Inezita, que registra as letras de 31 músicas interpretadas pela cantora. Na capa, a viola que lhe foi presenteada pelo folclorista piracicabano Alceu Maynard Araújo.

Pegávamos colchas velhas que as famílias não usavam mais, tingíamos, geralmente de vermelho, e fabricávamos as cortinas da entrada da garagem e do palco. E ali montávamos de tudo, da escolinha aos textos que a gente escrevia, passando pelo que chamávamos de 'teatro de revista', cada um fazendo o que sabia: um cantava, outra dançava, declamavam-se poesias, alguém fazia uma ginástica difícil... e estava pronto o espetáculo. Que custava um tostão de ingresso, mas dava direito a balas de graça, distribuídas nos intervalos. Sempre tive essa mania de ensinar e escrever coisas para o palco.

Outra mania que eu tinha (vocês acreditam em premonição?), ali pelos onze anos, era catalogar tudo. Nem imaginava que cursaria Biblioteconomia — aliás, nem sabia o que era isso — e montei uma biblioteca em casa. Arrecadava livros que ninguém lia mais, dava uma reformada com goma arábica (não se sabia o que era durex na época), encapava com papel pardo, classificava e cobrava um tostão para emprestar. Tudo com ficha, livro tal está com fulana, etc. Não sabia o que era bibliotecária, mas já instintivamente era uma. Depois que entrei no curso, enlouqueci e tratei de catalogar tudo. Minha casa é um museu, principalmente de folclore. Pois sei cada coisa onde está e, se me pedir, localizo imediatamente. Alguma coisa que aconteceu em 1930? Não tem problema, vou buscar. Por isso é que guardo tudo, tenho amor e carinho e não deixo ninguém pôr a mão. Então era assim: a menina ia lá em casa, tinha uma lista de livros, tudo organizadinho. 'Quero este'. Eu trazia o livro e deixava claro: 'Você leva, paga um tostão e tem um prazo para devolver'. Fazia a ficha e dava baixa quando ela devolvia, como fazem na escola. Quer dizer, eu tinha uma noção vaga, mas não sabia de onde aquilo tinha vindo."

Antes de lecionar para valer, Inezita deu muitas palestras, na capital e no interior paulista:

"Eu assistia a palestras de gente famosa e fui aprendendo a técnica deles. Até que resolvi falar também. Afinal, estudei tanto, pesquisei tanto folclore, que tinha de pôr para fora. Fiz muitas palestras, para todos os níveis: universidades, escolas primárias, ginásios, clubes, muito, muito, muito. Um dia dei um recital no Teatro do SESI, na avenida Paulista, e na plateia estava a diretora do Conservatório de Pouso Alegre, Minas Gerais. Quando acabei de cantar ela foi falar comigo. Eu explicava as músicas, sempre gostei de fazer isso; folclore tem de ser assim, infelizmente no Brasil ninguém faz. Ela falou que tinha achado muito interessante e perguntou se eu nunca tinha pensado em dar aulas. Recebi então o convite para lecionar folclore para o último ano do Conservatório Estadual. Passava três dias da semana em Pouso Alegre, dando aulas. Me atirei de

Inezita professora: dando aulas no Conservatório de Pouso Alegre, no sul de Minas Gerais, em 1980.

cabeça. Entre 1980 e 1987, três dias da semana eram sagrados. Adorei a experiência, trabalhei muito com as alunas. Procurava passar a ideia de brasilidade que me acompanha desde a meninice. Meu pai era muito brasileiro e não achava graça nessa coisa de neve na árvore de Natal e passou para mim esse espírito. Lembro de uma árvore de Natal que ele fez com um pé de café, decorada só com motivos brasileiros.

Mas as aulas começaram a interferir na minha carreira. Perdia muitos shows, era procurada e afirmavam que eu estava viajando. Tive que me decidir: ou sou cantora ou sou professora. E assim acabou aquela fase.

Mas como eu estava mordida pela mosca azul, acabei por retomar as aulas na Universidade de Mogi das Cruzes. Lá, fizemos um remanejamento na Festa do Divino, que é importantíssima naquela cidade.

Preservando tradições

Já não tinha aquele desfile de carro de boi, todo lindo, aquele desfile antigo, com o carro cheio de palmito. O palmito começou a ser proibido, então os carros passaram a ser enfeitados com palmeiras, cheios de crianças. Quando começamos, já não havia quase boi de carro, ia tudo para o abate. Com a beleza da festa, o apoio de todo mundo, o pessoal já separava boi para os carros da festa. Apareceu uma fábrica na divisa de Pouso Alegre que fabricava carros de boi. Não eram aqueles carros tradicionais, era carro novo, mas cópia perfeita dos antigos, aquela roda chiando, uma beleza. Com o trabalho nosso, os carros de boi foram aumentando a cada ano e era de ver os mais velhos chorando emocionados nos desfiles. Grupos interessantíssimos apareciam para desfilar, remexendo os baús e usando as velhas roupas do passado. Chapéus, lenços, botinas, a trouxinha pendurada na ponta da vara, as mulinhas de cangalha. Lindo, lindo mesmo. Até concurso de carro de boi teve, os alunos caprichando, as famílias ajudando, para ver quem fazia o mais bonito e o mais parecido com os antigos. Consegui um coral e várias outras coisas paralelas, aquelas coisas de caipira que estavam ficando esquecidas.

No fim do ano comuniquei que não queria trabalho escrito. O exame seria a construção de uma cozinha mineira. A nota dependeria do trabalho. Reclamaram que não tinha mais nada do que se usava na época. Mandei irem pelos sítios e fazendas, nas casas das avós, recolherem o que achassem. Apareceu cada coisa! Aquele coador de café enorme; aquele tripé de pendurar coisas, que no interior chama mancebo: 'achei no galinheiro, cheio de titica, e levei duas horas lavando no tanque'; montamos um fogão de alvenaria, fizemos um borralho, um gato de mentira no telhado, lenha de tudo quanto era lado e o fogão foi aceso no dia da exposição. Apareceram prateleiras antigas de cozinha e ensinei a enfeitar com jornal. Aqueles jornais que a gente recortava e fazia biquinhos. Foi um sucesso, incluindo a toalha de mesa feita de crochê.

Repeti em Mogi uma festa que já havia feito em Pouso Alegre. Uma festa de São João como tradicionalmente se fazia, com cartomante, cigano, fogueira, mastro e tudo. Foi um trabalho muito bonito desenvolvido em Mogi das Cruzes. No começo, os alunos e alunas ficavam meio assustados, desconfiados, pensando que era uma coisa incrível aquela matéria desconhecida. Quando começavam a se identificar eu ia 'judiando' um pouco deles, pedindo para fazer pesquisa em casa. Até hoje peço aos alunos para eles levantarem como é que as avós curavam as doenças, como passavam roupa, como cozinhavam, e acaba aparecendo um farto material.

A cultura popular e o folclore estiveram sempre ao lado das pessoas, mas elas não veem. É só apontar, abrir os olhos que todos se interessam e o trabalho fica cada vez mais bonito. Fico feliz em saber que a nossa cultura básica não morreu, está aí viva no folclore, nas canções que herdamos, pulsando dentro das pessoas. Isso não interessa à mídia, mas ficamos muito bem sem ela. Deixa a mídia para os novinhos, com essas porcarias que eles chamam de sertanejo, justificando que o negócio é ganhar dinheiro. Eu sou de outra opinião."

Em São Paulo, Inezita Barroso deu aulas em mais duas universidades, a Unifai e a Unicapital — onde foi agraciada em 13 de setembro de 2005 com o título de Doutora Honoris Causa em Folclore Brasileiro —, e continuou usando seus métodos próprios para transmitir conhecimento aos alunos.

Certa vez levou para uma aula uma índia xavante, muito sua amiga. Conheceu o pai dela, um cacique do Mato Grosso, que estava em tratamento de saúde na Casa do Índio e que se apaixonou por ela; queria que ela fosse conhecer a aldeia de qualquer maneira. Explicando que sua origem é indígena e que corria o risco de gostar demais e nunca mais voltar, recusou o convite. Mas levou a filha dele, sua amiga Gerusa Xavante, para conversar com suas alunas.

A índia deu um baile logo de saída. Uma das alunas começou uma pergunta: "Quando os portugueses descobriram o Brasil...", e foi logo interrompida por Gerusa: "Alto lá! Os portugueses eram posseiros, nunca descobriram nada, nós já estávamos aqui". Dito a que viera, Gerusa se colocou à disposição e respondeu a dezenas de perguntas, com tal desembaraço e clareza que emocionou a classe. A aula terminou debaixo de palmas.

Recebendo o Prêmio Saci de Melhor Atriz, em 30 de setembro de 1955, por sua atuação no filme *Mulher de Verdade*.

13.
MERECIDAS HOMENAGENS, ETERNAS AMIZADES

Poucos artistas — não só no Brasil — terão sido tão homenageados como Inezita Barroso. Ao longo de sua carreira, recebeu o reconhecimento do público e da crítica através das mais variadas formas. É comum ela retornar ao seu apartamento depois de um show carregando um troféu, uma medalha, um diploma, um presente (dos mais simples, como um carro de boi artesanal em miniatura, a comendas de ouro com títulos e diplomas) que traduzem os sentimentos de admiração do povo brasileiro para com sua cantora.

Depois de abarrotar prateleiras, gavetas, armários e vitrines com tais troféus no apartamento paulistano, lotou também o apartamento que tem em São Vicente para os raros momentos de folga. Logo ela, que ama tanto o mar e as praias, agora, quando acha tempo, desce para o litoral apenas para fazer a manutenção de seu verdadeiro museu particular. Guarda e coleciona tudo o que recebeu desde o início da carreira. Placas de prata; miniaturas de violas dos mais diferentes materiais, de ouro a chifre de boi; cuias e bombas de chimarrão; quadros a óleo, retratos seus ou cenas campestres; bandejas; títulos de cidadã honorária de cidades do Brasil inteiro; diplomas de homenagens em programas regionais de rádio e televisão; fantasias com as quais desfilou nas várias homenagens feitas a ela por escolas de samba que a escolheram como tema de enredo; homenagens de artistas e programas de ritmos brasileiros alheios à música caipira, sendo o pessoal do choro o que mais a homenageou; troféus oficiais de governos nacional, estadual, municipal; prêmios de melhor cantora, melhor atriz, o Roquete Pinto de Ouro. São tantas as homenagens e os troféus que Inezita só pode lembrar com clareza como os recebeu e quem os outorgou se os manusear um a um. O que levaria meses.

Mas, é evidente, alguns ficaram mais na memória pelas circunstâncias nas quais aconteceram. Pequenos ou grandes, proporcionaram emoções e momentos inesquecíveis.

Graças ao seu temperamento extrovertido e simpático, Inezita nunca deixou de fazer amigos. Desde a molecada de seu time de futebol na infância até presidentes da República, passando pelas colegas de escola, artistas, cientistas, caboclos, violeiros, músicos eruditos, foi colecionando um incrível número de amigos. Por alguns deles tem especial carinho, na presença ou na memória.

Gosta de lembrar os tempos de namoro com Adolfo e a convivência com os universitários do curso de Direito da faculdade do Largo de São Francisco. As excursões musicais feitas com a turma pelo interior de São Paulo, aquele bando de rapagões e só ela de mulher. Guarda até hoje (a bibliotecária de sempre) um folheto anunciando um show na cidade de Franca, destacando a presença de "Inezita, a bonequinha do XI de Agosto", nome do centro acadêmico que organizava os shows. "Quatrocentos homens e só eu de mulher no meio", conta Inezita, entre risadas.

Lembra com ternura o lendário fotógrafo Norberto Esteves:

> "Norberto estava sempre conosco. Um português inteligentíssimo que veio para o Brasil com oito anos e se tornou mais brasileiro que muitos nascidos aqui. Aliás, pouca gente sabe que foi Norberto quem inventou o colunismo social em São Paulo. Amigo das tradicionais e ricas famílias que frequentavam o Guarujá — quase exclusivo, não havia estrada, só era alcançado por mar —, convenceu o repórter dos Diários Associados, Mattos Pacheco, a acompanhá-lo e criar uma coluna que falasse dos bem-nascidos. Poucas pessoas conheciam o Brasil e seus costumes como ele, que andou pelo país inteiro como repórter fotográfico. Era quem fotografava oficialmente o jornalista Assis Chateaubriand e, muitas vezes, o presidente Getúlio Vargas, cuja filha Alzira Vargas era sua amiga. Além de ser o melhor cozinheiro que já vi. Com o que encontrasse na geladeira, fazia um banquete. Norberto merece um livro".

Dedica também palavras carinhosas ao produtor de televisão Eduardo Moreira, o Moreirinha. Músico, poeta, artista completo, muito orientou Inezita no seu começo de carreira na televisão, sendo seu primeiro diretor. Em sua casa, promovia festas memoráveis ao lado da mulher, Marília. Outro casal com quem ela fez grande amizade era formado pelo diretor de cinema Fernando de Barros (mais um português) e sua mulher,

Convite para a cerimônia de entrega do Prêmio Roquete Pinto 1955, que Inezita Barroso venceu como melhor cantora popular.

Carlos Sá, Sérgio Maragliano, Inezita e Eduardo Moreira no bar da casa da cantora, em 1955.

Marisa Prado, a grande estrela da Vera Cruz. Na companhia cinematográfica, conheceu a atriz Ruth de Souza, que não esconde ser Inezita a primeira amiga paulista, e quem lhe abriu as portas de São Paulo. Alberto Ruschel e seu irmão Paulo já eram amigos desde que aportaram na cidade, vindos do Rio Grande do Sul, integrando o conjunto vocal Quitandinha Serenaders. Frequentavam a casa das Perdizes, e Inezita gravou algumas canções do repertório de Paulo, como "Isto é Papel, João?". Alberto, o grande galã da Vera Cruz, e sua mulher, também iam muito a sua casa, e seus filhos Beto e Rita Ruschel herdaram a amizade pela cantora. Quando Alberto, seu companheiro de filmagens em São Bernardo do Campo, se separou da mulher, ficou famosa a briga pela partilha, que emperrou no item canino. Nenhum dos dois queria abrir mão da cadela Fefa e do cachorro Donato (assim chamado em homenagem ao músico e compositor João Donato). Alberto ganhou a parada.

Paulo Autran e Renato Consorte ocupam lugares especiais na galeria de amigos. Desde a juventude, os três, iniciando seus caminhos na vida, conviveram, foram amigos e trocaram muitas figurinhas. Quando Renato sofreu o famoso acidente aéreo que quase lhe roubou a vida (foi o único sobrevivente), Inezita passou em vigília o tempo todo até ele ser considerado fora de perigo. Acompanhou a carreira bem-sucedida de Paulo, tendo sido presença constante nos espetáculos que ele encenou até a morte do ator em 2007.

Um gesto de amizade que Inezita lembra com carinho foi o dia em que o compositor Jean Garfunkel lhe entregou a composição que fez especialmente para ela, "Linda Inezita":

> Linda Inezita,
> Que coisa bonita,
> Que força infinita
> Teu canto nos traz.
> Tens uma fonte
> De luz cristalina,
> Que brota da mina
> Das cordas vocais.
> Canto caboclo
> Do chão brasileiro,
> Dos Uirapurus, Juritis, Sabiás.
> Canto de um povo,

Alberto Ruschel, Ruth de Souza e Inezita Barroso, atores do filme *Angela*, da Vera Cruz, com o pianista Túlio Tavares, em 1951.

Paulo Autran e Inezita Barroso, grandes amigos desde a época em que o ator era estudante de Direito, nos anos 1940.

Que traz o tempero
Do índio e do negro,
Nossos ancestrais.
Linda Inezita,
Que coisa bonita,
Que força de vida
Tens na tua voz.
Um brilho intenso,
Que vem da verdade,
Da brasilidade,
Que canta por nós.
Brilho da noite,
Que ronda a cidade,
Luar do sertão
Sobre o céu dos Gerais.
Linda Inezita,
Teu canto alumia,
És estrela guia,
És lampião de gás.

Inezita apresentou a música, acompanhada de Jean Garfunkel e Robertinho do Acordeon, no *Viola, Minha Viola* em 2004. Falando no programa, em 16 de junho de 2010 a cantora comemorou os trinta anos do *Viola* com uma apresentação especial no Auditório Ibirapuera, projetado por Oscar Niemeyer.

O troféu Roquete Pinto significou em certa época o mesmo que um Oscar de Hollywood, um prêmio Grammy de música. Era outorgado anualmente pela TV Record — então no seu auge de força e popularidade — para os melhores do ano nas várias atividades artísticas veiculadas pela televisão. Inezita ganhou ano a ano seis deles e, em 1960, no sétimo, alcançou o patamar de *hors-concours*. Recebeu o Roquete Pinto de Ouro, somente outorgado aos pouquíssimos que — como ela — tinham acumulado seis troféus anteriores.

A TV Tupi tinha um cobiçado prêmio, também anual, para os melhores discos, as melhores gravações. Ganhar o prêmio Tupiniquim era uma consagração, e ele está lá na vitrine de Inezita Barroso, ao lado de outro mais recente, mas não menos importante, o prêmio Sharp de Música Brasileira, em 1997.

Comemoração dos trinta anos do *Viola, Minha Viola* no Auditório Ibirapuera, em 2010, que reuniu, entre outros, Almir Sater, Daniel e as Irmãs Galvão.

Em matéria de comendas e medalhas a lista é muito grande. Além do título de cidadã honorária de inúmeras cidades paulistas, a cantora já recebeu homenagens em vários outros estados brasileiros, como, por exemplo, a Ordem do Mérito Anhanguera, outorgada pelo governo de Goiás em 2006. Em 9 de novembro de 2004, o Diário Oficial da União publicava o nome de Inezita Barroso entre as personalidades distinguidas com a Ordem do Mérito Cultural, "por suas relevantes contribuições prestadas à cultura do país", honraria que recebeu pelas mãos do presidente da República Luiz Inácio Lula da Silva. Para sua felicidade, foi chamada para homenageá-la (e ser homenageada também com a comenda) a famosa cirandeira pernambucana Lia de Itamaracá, que a presenteou com a apresentação de uma das mais clássicas manifestações folclóricas do Nordeste.

Orgulhosa de ser paulista, Inezita Barroso ficou ainda mais satisfeita quando o Governo do Estado de São Paulo a chamou para receber em 2003 a Ordem do Ipiranga, no grau de Comendadora. No ano de 2009, a cantora foi novamente agraciada com a Ordem, agora na categoria de Grande Oficial.

Trocando os palácios governamentais pela convivência com o povo, onde sempre se sentiu à vontade, um dos grandes prazeres de Inezita é contar as homenagens que recebeu de várias escolas de samba de São Paulo. Em 1985 foi sua estreia como estrela do carnaval quando a escola de samba Oba-Oba, da vizinha Barueri, foi às ruas com desfile que homenageava em seu enredo "Inezita Barroso: A Glória Paulista", levando a homenageada como seu principal destaque. Em 1992 foi a vez da Combinados de Sapopemba escolher Inezita como seu tema-enredo. Desfilou com ela como seu destaque maior, enquanto desenvolvia na avenida o enredo "Inezita Barroso: A Estrela da Manhã". O refrão do samba já deixava clara a homenagem:

> Olha que beleza
> Isto é São Paulo glorioso
> Vem a Combinados cantar
> Com Inezita Barroso.

Reinando entre Sumaré e Vila Madalena, a escola de samba Pérola Negra também teve Inezita como tema. Foi no carnaval de 1998 que ela, como destaque principal, desfilou ao som do belo samba-enredo "Inezita Barroso: Uma Trajetória de Sucesso", de Carlinhos Barbosa:

> Lá vem a Pérola Negra, eu vou cantar
> No gingar da bateria, eu vou sambar
> Viola, minha viola, estrela da manhã
> Veio para brilhar.

Em 2004, a escola de samba Mocidade de Paulínia também quis prestar sua homenagem através do enredo "Inezita Barroso: Uma Diva em Tom Maior". Em 2003, desfilou no terceiro grupo, na pequenina escola de samba Iracema, Meu Grande Amor, no tradicional carnaval paulistano da Vila Prudente. Além de ser tema de enredos, Inezita não recusa um convite para desfilar como destaque, e orgulhosamente exibe as fotos de sua presença no carnaval paulistano desfilando na escola de samba Gaviões da Fiel, representante carnavalesca do clube de futebol de seu coração, o Sport Club Corinthians Paulista.

Em novembro de 2001 foi a vez de o pessoal do choro fazer soar suas flautas e bandolins em homenagem à cantora, apresentadora e, so-

Em 1998 Inezita foi destaque da escola de samba Pérola Negra, de São Paulo, cujo desfile teve a cantora como tema.

bretudo, amiga Inezita Barroso. Na tradicional Rua do Choro, que na verdade era em uma praça, a Júlio Prestes, em São Paulo, liderados por Izaías do Bandolim e seu grupo (que em muitas oportunidades acompanharam Inezita e gravaram com ela), "chorões" paulistanos se reuniram ao redor da cantora em celebração das mais justas, da qual fez parte também o jornalista-bandolinista Luís Nassif. Tarde de choro e música sertaneja que atraiu uma verdadeira multidão.

Mais recentemente, Inezita foi homenageada com a publicação de dois livros: *A menina Inezita Barroso*, obra voltada ao público infanto-juvenil escrita pelo amigo e pesquisador da música Assis Ângelo, lançada em 2011; e *Inezita Barroso: com a espada e a viola na mão*, de Valdemar Jorge, o Dema, publicado pela Imprensa Oficial do Estado de São Paulo, em 2012, dentro da coleção Aplauso.

Imagem da sessão de fotos para a capa do LP
Coisas do Meu Brasil, de 1956.

14.
DISCOS, QUASE UMA CENTENA

Desde a primeira vez em que entrou em um estúdio, em 1951, até seu mais recente CD, *Sonho de Caboclo*, de 2009, Inezita Barroso — entre primeiros registros, regravações, participações especiais, histórias infantis etc. — realizou oficialmente cerca de 405 gravações. Oficialmente, pois é impossível computar os registros de shows fora do comércio, além dos discos piratas (que ela imagina que cheguem a dez) que foram lançados e pelos quais jamais recebeu um tostão de direitos autorais. Eu mesmo, fuçando em lojas de discos em Buenos Aires, achei um LP — capa preta, só o rosto, o fundo apagado — do qual ela nunca tinha ouvido falar e pelo qual obviamente nada recebeu. Fora os pirateados em camelôs e até os piratas "oficiais", relançamentos feitos por gravadoras à revelia da cantora, como o CD *Inezita Barroso — Seleção de Ouro*, lançado pelo selo Movieplay dentro da coleção Memória da Música Brasileira, sem que a cantora tenha sido consultada. Registramos ainda o lançamento de discos da cantora na França, nos anos 1950, por meio de um acordo da Copacabana com a Barclay (selo Riviera).

Em sua carreira, a cantora gravou 29 discos em 78 rotações, os velhos e pesadões 78 rpm, feitos de goma-laca e com uma canção em cada face, totalizando 53 músicas (excetuando-se cinco gravações repetidas).

Vieram depois os long-plays, os LPs, a princípio em dez polegadas, com cerca de quatro faixas em cada lado. São três discos (descartando-se a coletânea de gravações em 78 rpm da RCA, *Coisas do Meu Brasil*), e o total de músicas nesse formato chega a 26.

Enquanto reinou o LP feito de vinil, o mais popular no tamanho de doze polegadas, Inezita Barroso gravou dezoito deles, chegando ao total de 213 canções, excluindo-se aqui cinco coletâneas.

Paralelamente aos LPs vieram os compactos, simples e duplos, num total de catorze discos, com dezenove novas faixas gravadas.

Finalmente o último suporte, que está em vigência até agora, o CD. Embora existam diversas inovações eletrônicas, o CD ainda é muito popular e Inezita lançou quinze deles (excluindo-se novamente as coletâneas), totalizando 98 novas gravações.

Além disso, temos a participação de Inezita em álbuns coletivos ou de outros artistas: um total de doze discos, entre compactos, LPs e CDs. Aqui temos quinze gravações originais.

Isso tudo, somado, alcança o número citado de 405 gravações, registrando 289 músicas diferentes.

Muita coisa ocorreu em tantas gravações. Aliás, uma das coisas que mais deixa Inezita irritada é a "apropriação" de temas folclóricos. A mais clássica delas é com a "Moda da Pinga", inteiramente de domínio popular e que aparece assinada por Ochelcis Laureano:

> "Já ouvi a 'Moda' cantada no Brasil inteiro, com mais de cem versos diferentes, o povo vai acrescentando rimas por conta própria, e se fosse cantar todos levaria horas. Ninguém pode precisar sua origem, mas há sempre quem se aproveite e se aproprie. Com 'Meu Limão, Meu Limoeiro' foi a mesma coisa, e a canção conhecida há mais de século em toda América Latina virou propriedade de José Carlos Burle.
>
> Na Bienal do Samba da TV Record, em São Paulo, Baden Powell foi premiado com 'Lapinha', cantado pela Elis Regina. Só que nove anos antes eu já tinha gravado essa música com o nome de 'Capoeira', folclore recolhido na Bahia e me passado por Carybé da Rocha. Reclamei, recolheram o disco e corrigiram no selo: 'Autoria de Baden Powell e Paulo César Pinheiro sobre um motivo popular da Bahia'.
>
> Deveriam fazer o mesmo com 'Procissão', que muitos anos antes de ser lançada por Gilberto Gil era usada nas rodas de capoeira de Mestre Pastinha. Considero mais correto o que fez Babi de Oliveira, que adaptou maravilhas como 'Maria Macambira' ('Lavou roupa toda vida...'), um tema de lavadeiras, sem jamais dizer que era dela."

Outra coisa que Inezita sempre evitou — e isso era praxe entre os cantores de sua geração — foi gravar músicas que já haviam se tornado conhecidas em vozes de colegas. Theo de Barros, compositor de "Disparada", em parceria com Geraldo Vandré, é um dos grandes amigos de Inezita, com quem trabalha muito em shows e gravações. Pois Inezita nunca cogitou gravar "Disparada", que acha ser uma espécie de "propriedade" de seu lançador, Jair Rodrigues.

Esse posicionamento não chega a ser uma indireta às muitas cantoras que gravaram "Ronda" e não mencionam que Inezita foi sua lançadora: "Não tenho nada contra, mas não gosto muito de entrar no terreiro dos outros".

Como exemplo vale lembrar que "Borboleta", gravada por Marisa Monte, não é outra coisa que a música "Maricota Sai da Chuva", de Marcelo Tupinambá, com outra letra.

Respaldada pelo programa *Viola, Minha Viola*, Inezita Barroso entrou firme na era do CD, e entre os que gravou fala com carinho de *Hoje Lembrando*, lançado em 2003 pela Trama. Ele marcou uma retomada de sua carreira em disco e interrompeu o ciclo no qual a cantora e apresentadora enfrentou dificuldades com as gravadoras quanto à distribuição e divulgação de seus trabalhos. Como ela declarou em entrevista ao jornal *Correio da Bahia*:

> "Finalmente peguei uma gravadora boa, grande e honesta. A tendência recente dos artistas independentes em colocar seus discos literalmente embaixo do braço e vendê-los em bancas, internet e nos shows, não me atrai. Fiz algumas vezes esse papel de mascate, levando discos para vender, dentro do carro. Mas acho que isso não é para uma artista que tem mais de cinquenta anos de carreira."

Fernando Faro foi o produtor do disco, e os arranjos e regências ficaram com o amigo Theo de Barros. O registro de duas canções inéditas — "Bem Iguais" e "Recompensa" — marcou o disco, já que foram compostas mais de cinquenta anos antes nas reuniões de sua casa, por Paulo Vanzolini e o pianista Túlio Tavares. "Maricota Sai da Chuva", de Marcelo Tupinambá, sempre foi de seu repertório, mas nesse CD foi gravada pela primeira vez. Como muita coisa que Inezita gravou ficou no arquivo de gravadoras que já não existem, ela resolveu regravar algumas delas ("Tamba-Tajá", por exemplo). Por isso, e pelo fato de a frase "hoje lembrando" aparecer várias vezes na canção "Bem Iguais", o nome do CD acabou ficando *Hoje Lembrando*.

Os CDs *Voz e Viola* (1996) e *Caipira de Fato* (1997), ambos gravados com o violeiro Roberto Corrêa e produzidos por J. C. Botezelli, o

Pelão, também têm carinho especial da cantora. No primeiro, o repertório é mais mesclado, e a cantora e o violeiro mostram que transitam com facilidade em composições urbanas como "Felicidade" (Lupicínio Rodrigues), "Perfil de São Paulo" (Bezerra de Menezes) e "Prece ao Vento" (Gilvan Chaves, Alcyr Pires Vermelho e Fernando Lobo), não faltando preciosidades sertanejas ao estilo de "Flor do Cafezal" (Luiz Carlos Paraná), "Fiz uma Viagem" (Dorival Caymmi), "Romaria" (Renato Teixeira), além das clássicas "Lampião de Gás" (Zica Bergami) e a "Moda da Pinga". No segundo, inteiramente "caipira", com destaque para as faixas "Caipira de Fato" (Adauto Santos), "Cuitelinho" (folclore recolhido por Paulo Vanzolini e Antonio Xandó), "Moda do Bonde Camarão" (Mariano da Silva e Cornélio Pires), "De Papo pro Ar" (Joubert de Carvalho e Olegário Mariano) e "A Viola e o Violeiro" (Lourival dos Santos e Tião Carreiro), a dupla mostra ainda mais seu entrosamento.

O site *Raízes*, da revista *Globo Rural*, contou, no depoimento do produtor musical Paulo Freire, o que foi a deliciosa aventura de gravar outro projeto, o CD *Feito na Roça*, lançado em 1998:

> "Tive a felicidade de produzir, junto com Bartira Rosa, o CD *Feito na Roça*, da Orquestra de Viola Caipira de São José dos Campos, dirigida por Braz da Viola. Fomos para um sítio na Serra do Roncador, do Zé Luiz e da Regina, e passamos três dias gravando a orquestra e seus convidados: Inezita Barroso, Pereira da Viola, Zé Mulato e Cassiano.
>
> Foram dias incríveis. Era preciso gravar sempre à noite, pois de dia podia haver barulho de trator, de animais ou outras surpresas. Tudo era feito em um grande terraço preparado para esse trabalho. Além das festas naturais — juntar esse tanto de violeiros (eram cerca de trinta) é um convite para músicas e 'causos' sem fim — e da competência dos artistas convidados, o que mais me impressionou foi Inezita. Imaginem só, três horas da manhã, uma artista de sua categoria cantando em um terraço onde voavam mariposas atraídas pelas luzes improvisadas, rodeada pelos meninos violeiros da Orquestra (meninos de sete a setenta anos), todos em silêncio, apreciando.
>
> Quando ela interpretou 'Lampião de Gás' foi a maior choradeira. Inezita já cantou essa música milhares de vezes, mas ali parecia a primeira. Cheia de emoção, nos fazia ver cada detalhe

Inezita Barroso e Zica Bergami, a intérprete e a compositora de "Lampião de Gás", no Pátio do Colégio, em São Paulo.

da letra. No final da canção, nem parecia a gravação de um CD, pois, após um silêncio que se podia até pegar na mão de tão intenso, os aplausos vieram fartos.

Para o lançamento do CD foi organizado um show ali mesmo no sítio, com a participação de todos. Foi montado um palco no campo de futebol para a orquestra e apresentações individuais. Na hora em que estavam todos juntos no palco, os geradores não aguentaram e acabou a luz. As pessoas correram para seus carros, viraram para o palco e o iluminaram com os faróis. Seguimos tocando sem microfone mesmo e entre os trinta violeiros e os cantadores uma voz sobressaía. Claro, a de Inezita Barroso, comandando a festa. Para ela não tem tempo ruim quando o assunto é cantar."

Retrato de Inezita Barroso utilizado em várias capas de seus discos, principalmente nos relançamentos da Copacabana.

DISCOGRAFIA

A seguir, as gravações feitas por Inezita Barroso até dezembro de 2012. Sempre que possível, foram assinalados a gravadora, o número de registro e a data de lançamento dos discos. Não foram incluídas as reedições de álbuns sem alteração na listagem original das faixas. A grafia dos nomes das músicas e dos autores foi padronizada.

78 RPM

1) Sinter 00.00.091, outubro de 1951
"Funeral de um Rei Nagô" (Hekel Tavares e Murilo Araújo)
"Curupira" (Waldemar Henrique)

2) RCA Victor 80.1149, julho de 1953
(gravação realizada em 20/4/1953)
"Isto é Papel, João?" (Paulo Ruschel)
"Catira" (folclore/ adaptação de R. de Souza)

3) RCA Victor 80.1209, outubro de 1953
(gravação realizada em 4/8/1953)
"O Canto do Mar" (Guerra Peixe e José Mauro de Vasconcelos)
"Maria do Mar" (Guerra Peixe e José Mauro de Vasconcelos)

4) RCA Victor 80.1217, novembro de 1953
(gravação realizada em 3/8/1953)
"Moda da Pinga" (Ochelcis Laureano)
"Ronda" (Paulo Vanzolini)

5) RCA Victor 80.1286, junho de 1954
(gravação realizada em 29/3/1954)
"Estatutos da Gafieira" (Billy Blanco)
"Soca Pilão" (folclore/ adaptação de José Roberto)

6) RCA Victor 80.1287, junho de 1954
(gravação realizada em 30/3/1954)
"Iemanjá" (Nelson Ferreira e Luiz Luna)
"Pregão da Ostra" (folclore/ adaptação de José Prates)

7) RCA Victor 80.1296, julho de 1954
(gravação realizada em 29/3/1954)
"Redondo Sinhá" (Barbosa Lessa)
"Mestiça" (Gonçalves Crespo)

8) RCA Victor 80.1315, agosto de 1954
(gravação realizada em 30/3/1954)
"Taieiras" (folclore/ adaptação de Luciano Gallet)
"Retiradas" (Oswaldo de Souza)

9) RCA Victor 80.1398, dezembro de 1954
(gravação realizada em 13/10/1954)
"Coco do Mané" (Luiz Vieira)
"Roda a Moenda" (Haroldo Costa)

10) RCA Victor 80.1408, março de 1955
(gravação realizada em 13/10/1954)
"Meu Casório" (folclore)
"Nhapopé" (folclore)

11) RCA Victor 80.1423, abril de 1955
(gravação realizada em 13/10/1954)
"Benedito Pretinho"/ "Meu Barco é Veleiro" (Hekel Tavares e Olegário Mariano)
"Na Fazenda do Ingá" (Zé do Norte)

12) RCA Victor 80.1430, maio de 1955
(gravação realizada em 13/10/1954)
"Dança de Caboclo" (Hekel Tavares e Olegário Mariano)
"Maracatu Elegante" (José Prates)

13) Copacabana 5438, setembro de 1955
"Moleque Vardemá" (Billy Blanco)
"Prece a São Benedito" (Hervé Cordovil)

14) Copacabana 5498, dezembro de 1955
"Mineiro Tá Me Chamando" (recolhida por Zé do Norte)
"Minha Terra" (Waldemar Henrique)

15) Copacabana 5538, 1956
"O Gosto do Caipira" (Luiz Lauro e Ado Benatti)
"Casa de Caboclo" (Hekel Tavares e Luiz Peixoto)

16) Copacabana 5602, 1956
"Chimarrita-Balão" (folclore/ adaptação de Barbosa Lessa e Paixão Côrtes)
"Quero-Mana" (folclore/ adaptação de Barbosa Lessa e Paixão Côrtes)

17) Copacabana 5611, 1956
"Balaio" (folclore/ adaptação de Barbosa Lessa e Paixão Côrtes)
"Maçanico" (folclore/ adaptação de Barbosa Lessa e Paixão Côrtes)

18) Copacabana 5631, 1956
"Estatutos de Boate" (Billy Blanco)
"Ser Mãe é Dureza" (Billy Blanco)

19) Copacabana 5787, 1957
"No Bom do Baile" (Barbosa Lessa)
"Nhô Locádio" (Hervé Cordovil)

20) Copacabana 5890, 1958
"Lampião de Gás" (Zica Bergami)
"Engenho Novo" (Hekel Tavares)

21) Copacabana 6024, 1959
"De Papo pro Ar" (Joubert de Carvalho e Olegário Mariano)
"Oi Calango Ê" (Hervé Cordovil)

22) Copacabana 6052, 1959
"Fiz a Cama na Varanda" (Dilu Mello e Ovídio Chaves)
"Meu Limão, Meu Limoeiro" (folclore/ adaptação de José Carlos Burle)

23) Copacabana 6134, agosto de 1960
"Moda do Bonde Camarão" (Mariano da Silva e Cornélio Pires)
"Moda da Onça" (recolhida por Inezita Barroso)

24) Copacabana 6255, junho de 1961
"A Voz do Violão" (Francisco Alves e Horácio Campos)
"Moda do Bonde Camarão" (Mariano da Silva e Cornélio Pires)

25) Copacabana 6278, 1961
"Balaio" (folclore/ adaptação de Barbosa Lessa e Paixão Côrtes)
"No Bom do Baile" (Barbosa Lessa)

26) Copacabana 6283, 1961
"Tatu" (Barbosa Lessa e Paixão Côrtes)
"Pezinho" (folclore/ adaptação de
    Barbosa Lessa e Paixão Côrtes)

27) Copacabana 6409, junho de 1962
"Nhô Locádio" (Hervé Cordovil)
"Prece a São Benedito" (Hervé Cordovil)

28) Sabiá S-586, 1962
"Baldrana Macia" (Anacleto Rosas Jr. e
    Arlindo Pinto)
"Pingo d'Água" (Raul Torres e João
    Pacífico)

29) Sabiá S-625, 1963
"Cavalo Preto" (Anacleto Rosas Jr.)
"Mineirinha" (Raul Torres)

Discografia

LONG-PLAYS DE DEZ POLEGADAS

1) *Inezita Barroso* (Copacabana CLP-3005, 1955)
(com orquestra e arranjos de Hervé Cordovil)
"Prece a São Benedito" (Hervé Cordovil)
"Banzo" (Hekel Tavares e Murilo Araújo)
Seleção de canções: "Nana Nanana" (Hekel Tavares, Ribeiro Couto e Manuel Bandeira)/ "Papa Curumiassu" (Hekel Tavares)/ "Sapo Cururu" (Dilu Mello)/ "Fiz a Cama na Varanda" (Dilu Mello e Ovídio Chaves)
"Funeral de um Rei Nagô" (Hekel Tavares e Murilo Araújo)
"Maria Júlia" (recolhida por Inezita Barroso)
"Viola Quebrada" (Mário de Andrade e Ary Kerner)
"Mineiro Tá Me Chamando" (recolhida por Zé do Norte)
"Tirana de Vila Nova" (recolhida por Waldemar Henrique)

2) *Danças Gaúchas* (Copacabana CLP-3028, 1956)
(com o Grupo Folclórico Brasileiro de Barbosa Lessa, o sanfoneiro Luiz Gaúcho e os Titulares do Ritmo)
"Levante (Tirana do Lenço)" (folclore/ adaptação de Barbosa Lessa e Paixão Côrtes)
"Pezinho" (folclore/ adaptação de Barbosa Lessa e Paixão Côrtes)
"Quero-Mana" (folclore/ adaptação de Barbosa Lessa e Paixão Côrtes)
"O Anu" (folclore/ adaptação de Barbosa Lessa e Paixão Côrtes)
"Balaio" (folclore/ adaptação de Barbosa Lessa e Paixão Côrtes)
"Maçanico" (folclore/ adaptação de Barbosa Lessa e Paixão Côrtes)
"Chimarrita-Balão" (folclore/ adaptação de Barbosa Lessa e Paixão Côrtes)
"Meia-Canha Serrana" (folclore/ adaptação de Barbosa Lessa e Paixão Côrtes)
"Rancheira de Carreirinha" (Barbosa Lessa)

3) *Lá Vem o Brasil* (Copacabana CLP-3038, 1956)
"Lá Vem o Brasil" (Nelson Ferreira e Rafael Peixoto)
"Berceuse da Onda" (Lorenzo Fernandes e Cecília Meireles)
"Carreteiro" (Barbosa Lessa)
"Temporal" (Paulo Ruschel)
"Sertão de Areia Seca" (Leyde Olivé)
"A Rede da Sinhá" (Leyde Olivé)
"Galope à Beira-Mar" (Luiz Vieira)
"Cantilena" (Villa-Lobos e Sodré Vianna)
"Tristeza do Jeca" (Angelino de Oliveira)

4) *Coisas do Meu Brasil* (RCA Victor BPL-3016, 1956)
(coletânea)
"Estatutos da Gafieira" (Billy Blanco)
"Na Fazenda do Ingá" (Zé do Norte)
"Meu Casório" (folclore)
"Isto é Papel, João?" (Paulo Ruschel)
"Moda da Pinga" (Ochelcis Laureano)
"Mestiça" (Gonçalves Crespo)
"Iemanjá" (Nelson Ferreira e Luiz Luna)
"Pregão da Ostra" (folclore/ adaptação de José Prates)

Long-plays de doze polegadas

1) *Vamos Falar de Brasil* (Copacabana CLP-11016, 1958)
(com arranjos de Hervé Cordovil e participação do Regional do Miranda e Orquestra e Coro da Rádio Record)
"Retiradas" (Oswaldo de Souza)
"Peixe Vivo" (folclore mineiro/ adaptação de Rômulo Paes e Henrique de Almeida)
"Engenho Novo" (Hekel Tavares)
"Zabumba de Nego" (Hervé Cordovil)
"Lampião de Gás" (Zica Bergami)
"Ismália" (Alphonsus de Guimaraens e Capiba)
"Festa do Congado" (Juraci Silveira)
"Temporal" (Paulo Ruschel)
"Lua Luá" (Catulo de Paula)
"Azulão" (Jayme Ovalle e Manuel Bandeira)
"Seresta" (Georgina de Melo Erisman)
"Moda da Pinga" (Ochelcis Laureano)

2) *Inezita Apresenta — Babi de Oliveira, Juracy Silveira, Zica Bergami, Leyde Olivé, Edvina de Andrade* (Copacabana CLP-11029, 1958)
(com arranjos de Hervé Cordovil e participação dos Titulares do Ritmo, Regional do Miranda e Orquestra e Coro da Rádio Record)
"Rainha Ginga" (Leyde Olivé)
"Cateretê" (Edvina de Andrade)
"Lamento" (Juracy Silveira)
"Batuque" (Leyde Olivé)
"Conversa de Caçador" (Edvina de Andrade)
"Seresta da Saudade" (Babi de Oliveira e Mário Faccini)
"O Carro Tombou" (Edvina de Andrade)
"Adeus, Minas Gerais" (Juracy Silveira)
"O Batateiro" (Zica Bergami)
"Chuvarada" (Zica Bergami)
"Sôdade da Loanda" (Juracy Silveira)
"Recado" (Leyde Olivé)
"Maria Macambira" (Babi de Oliveira e Orádia de Oliveira)
"Caboclo do Rio" (Babi de Oliveira)

3) *Canto da Saudade* (Copacabana CLP-11111, 1959)
(com arranjos, orquestra e coro de Hervé Cordovil e participação dos Titulares do Ritmo)
"Canto da Saudade" (Alberto Costa)
"Cantiga (Vela Branca)" (Lina Pesce e Adelmar Tavares)
"Fiz a Cama na Varanda" (Dilu Mello e Ovídio Chaves)
"Na Serra da Mantiqueira" (Ary Kerner)
"Modinha" (Jayme Ovalle e Manuel Bandeira)
"Na Baixa do Sapateiro" (Ary Barroso)
"Luar do Sertão" (João Pernambuco e Catulo da Paixão Cearense)
"Maringá" (Joubert de Carvalho)
"De Papo pro Ar" (Joubert de Carvalho e Olegário Mariano)
"Sôdade Ruim" (Georgette Cutait e Diva Jabor)
"Meu Limão, Meu Limoeiro" (folclore pernambucano/ adaptação de José Carlos Burle)
"Sussuarana" (Hekel Tavares e Luiz Peixoto)

4) *Eu me Agarro na Viola — Inezita, sua Viola e seu Violão* (Copacabana CLP-11143, 1960)
"Tirana de Vila Nova (Eu Me Agarro na Viola)" (folclore/ adaptação de Waldemar Henrique)
"Urutau" (Lamartine Paes de Barros Machado)
"Canção da Guitarra" (Marcelo Tupinambá e Aplecina do Carmo)
"Meu Baralho" (Edvina de Andrade)
"A Troco de Quê?" (Luiz Vieira)
"Moda da Mula Preta" (Raul Torres)
"Moda do Bonde Camarão" (Mariano da Silva e Cornélio Pires)
"A Voz do Violão" (Francisco Alves e Horácio Campos)
"Moda da Onça" (recolhida por Inezita Barroso)
"Boi Amarelinho" (Raul Torres)
"Leilão" (Hekel Tavares e Joracy Camargo)

Discografia

5) *Coisas do Meu Brasil* (RCA Camden CALB-5020, 1961)
(coletânea)
"Estatutos da Gafieira" (Billy Blanco)
"Na Fazenda do Ingá" (Zé do Norte)
"Meu Casório" (folclore)
"Isto é Papel, João?" (Paulo Ruschel)
"Redondo Sinhá" (Barbosa Lessa)
"O Canto do Mar" (Guerra Peixe e José Mauro de Vasconcelos)
"Moda da Pinga" (Ochelcis Laureano)
"Mestiça" (Gonçalves Crespo)
"Iemanjá" (Nelson Ferreira e Luiz Luna)
"Pregão da Ostra" (folclore/ adaptação de José Prates)
"Ronda" (Paulo Vanzolini)
"Catira" (folclore/ adaptação de R. de Souza)

6) *Danças Gaúchas — de Barbosa Lessa e Paixão Côrtes* (Copacabana CLP-11200, 1961)
(com arranjos e orquestra de Hervé Cordovil)
"Levante (Tirana do Lenço)" (folclore/ adaptação de Barbosa Lessa e Paixão Côrtes)
"Pezinho" (folclore/ adaptação de Barbosa Lessa e Paixão Côrtes)
"Quero-Mana" (folclore/ adaptação de Barbosa Lessa e Paixão Côrtes)
"Rancheira de Carreirinha" (Barbosa Lessa)
"Chimarrita-Balão" (folclore/ adaptação de Barbosa Lessa e Paixão Côrtes)
"Balaio" (folclore/ adaptação de Barbosa Lessa e Paixão Côrtes)
"O Anu" (folclore/ adaptação de Barbosa Lessa e Paixão Côrtes)
"Tatu" (Barbosa Lessa e Paixão Côrtes)
"Maçanico" (folclore/ adaptação de Barbosa Lessa e Paixão Côrtes)
"No Bom do Baile" (Barbosa Lessa)

7) *Inezita Barroso* (Copacabana
CLP-11231, 1961)
(com arranjos e orquestra de Hervé
Cordovil)
"Sertão de Areia Seca" (Leyde Olivé)
"Tamba-Tajá" (Waldemar Henrique)
"Roda Carreta" (Paulo Ruschel)
"Na Minha Terra Tem" (Hekel Tavares e
Luiz Peixoto)
"Casa de Caboclo" (Hekel Tavares e Luiz
Peixoto)
"Carreteiro" (Barbosa Lessa)
"Viola Quebrada" (Mário de Andrade e
Ary Kerner)
"Maria Júlia" (recolhida por Inezita
Barroso)
"Mineiro Tá Me Chamando" (recolhida
por Zé do Norte)
"Galope à Beira-Mar" (Luiz Vieira)
"Moleque Vardemá" (Billy Blanco)

8) *Clássicos da Música Caipira*
(Copacabana SCLP-10503, 1962)
"Boi de Carro" (Tonico e Anacleto Rosas
Jr.)
"Vai Torna Vortá" (folclore)
"Chico Mineiro" (Tonico e Francisco
Ribeiro)
"Cavalo Preto" (Anacleto Rosas Jr.)
"Mineirinha" (Raul Torres)
"Amor Impossível" (Anacleto Rosas Jr.)
"Baldrana Macia" (Anacleto Rosas Jr. e
Arlindo Pinto)
"Do Lado Que o Vento Vai" (Raul
Torres)
"Pingo d'Água" (Raul Torres e João
Pacífico)
"Sertão do Laranjinha" (adaptação de
Capitão Furtado)
"Tristeza do Jeca" (Angelino Oliveira)
"Boiadeiro Apaixonado" (Raul Torres e
Geraldo Costa)

Discografia

9) *Recital* (Copacabana CLP-11271, 1962)
"Cantilena" (Villa-Lobos e Sodré Vianna)
"Uirapuru" (Waldemar Henrique)
"Boi-Bumbá" (Waldemar Henrique)
"Nhapopé" (folclore/ adaptação de Inezita Barroso)
"O Que Ouro Não Arruma" (Waldemar Henrique)
"Chove Chuva" (Hekel Tavares e Ascenso Ferreira)
"Areia do Mar" (Babi de Oliveira e Orádia de Oliveira)
"Temas de Capoeira" (folclore)
"Prenda Minha" (folclore gaúcho)
"Caninha Verde" (folclore mineiro)
"Três Pontos de Santo" (Jayme Ovalle e Manuel Bandeira)
"Taieiras" (folclore/ adaptação de Luciano Gallet)

10) *A Moça e a Banda* (Copacabana CLP-11319, 1963)
(com a Banda da Força Pública do Estado de São Paulo)
"Cisne Branco (Canção do Marinheiro)" (Antônio Manuel do Espírito Santo e Benedito Xavier de Macedo)
"Hino à Bandeira Nacional" (Francisco Braga e Olavo Bilac)
"Canção do Expedicionário" (Spartaco Rossi e Guilherme de Almeida)
"Hino do Estudante Brasileiro" (Raul Roulien, Paulo Barbosa e Aldo Taranto)
"Hino do C.F.A." (Alcides Giacomo Degobbi e Edgar Pimentel Rezende)
"Canção do Soldado" (Teófilo de Magalhães)
"Hino da Independência" (D. Pedro I e Evaristo Ferreira da Veiga)
"Avante Camaradas" (Antônio Manuel do Espírito Santo e Lira Tavares)
"Hino à Mocidade Acadêmica" (Carlos Gomes e Bittencourt Sampaio)
"Hino à Proclamação da República" (Leopoldo Miguez e Medeiros e Albuquerque)

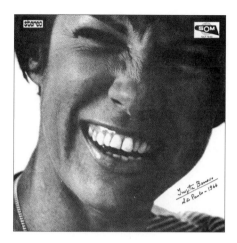 

11) *Vamos Falar de Brasil, Novamente...* (Copacabana CLP-11475, 1966)
(com orquestra, coral e o Regional do Caçulinha e arranjos de Guerra Peixe)
"Cais do Porto" (Capiba)
"Palavra de Peão" (Bezerra de Menezes)
"Festa de Ogum" (Babi de Oliveira)
"Burro Xucro" (Bezerra de Menezes)
"Nação Nagô" (Capiba)
"Serenata" (Martins Fontes e Mary Buarque)
"Soca Pilão" (folclore/ adaptação de José Roberto)
"Maracatu Elegante" (José Prates)
"Oração do Guerreiro" (Hekel Tavares e Luiz Peixoto)
"Piaba" (folclore)
"Peixinho do Mar" (Babi de Oliveira e Orádia de Oliveira)
"Dança Negra" (Hekel Tavares e Sodré Vianna)

12) *O Melhor de Inezita* (Copacabana CLP-11539, 1968)
(coletânea)
"Funeral de um Rei Nagô" (Hekel Tavares e Murilo Araújo)
"Banzo" (Hekel Tavares e Murilo Araújo)
"Rainha Ginga" (Leyde Olivé)
"Berceuse da Onda" (Lorenzo Fernandes e Cecília Meireles)
"Canto da Saudade" (Alberto Costa)
"Lampião de Gás" (Zica Bergami)
"Moda da Pinga" (Ochelcis Laureano)
"Lua Luá" (Catulo de Paula)
"Viola Quebrada" (Mário de Andrade e Ary Kerner)
"Cantilena" (Villa-Lobos e Sodré Vianna)
"Maria Júlia" (recolhida por Inezita Barroso)
"Cisne Branco (Canção do Marinheiro)" (Antônio Manuel do Espírito Santo e Benedito Xavier de Macedo)

 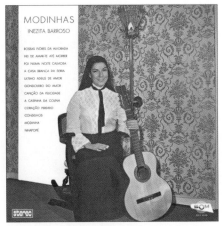

13) *Recital nº 2* (Copacabana CLP-11560, 1969)
"Mestiça" (Gonçalves Crespo)
"Coco Verde" (José Prates)
"Morena, Morena" (folclore paranaense/ recolhida por Francisco Mignone)
"Canção Marinha" (Marcelo Tupinambá e Mário de Andrade)
"Benedito Pretinho" (Hekel Tavares e Olegário Mariano)
"Falua" (João de Barro e Alberto Ribeiro)
"Trem de Alagoas" (Waldemar Henrique e Ascenso Ferreira)
"Curupira" (Waldemar Henrique)
"Aboio" (Babi de Oliveira e Geraldo Ulhoa Cintra)
"Dança de Caboclo" (Hekel Tavares e Olegário Mariano)
"Hei de Seguir Teus Passos" (Waldemar Henrique)
"Jangada" (João de Barro e Alberto Ribeiro)

14) *Modinhas* (Copacabana CLP-11613, 1970)
"Foi numa Noite Calmosa" (adaptação de Élcio Alvarez)
"O Gondoleiro do Amor" (poema de Castro Alves/ adaptação de Inezita Barroso)
"Modinha" (Villa-Lobos e Manuel Bandeira)
"A Casinha da Colina" (adaptação de Élcio Alvarez)
"Último Adeus de Amor" (adaptação de Mário de Andrade)
"Nhapopé" (adaptação de Inezita Barroso)
"Róseas Flores da Alvorada" (Mário de Andrade)
"Canção da Felicidade" (Barroso Neto e Nosor Sanches)
"Coração Perdido" (adaptação de Mário de Andrade)
"Conselhos" (Carlos Gomes)
"Hei de Amar-Te até Morrer" (adaptação de Mário de Andrade)
"Na Casa Branca da Serra" (Guimarães Passos e Miguel Pestana)

15) *Clássicos da Música Caipira nº 2* (Copacabana CLP-11682, 1972)
"Rio de Lágrimas" (Tião Carreiro, Piraci e Lourival dos Santos)
"Saudades de Matão" (Antenógenes Silva e Raul Torres)
"O Amor é Firme" (folclore/ adaptação de Inezita Barroso)
"Campo Grande" (Raul Torres)
"Poeira" (Serafim Gomes e Luiz Bonan)
"Moda do Bonde Camarão" (Mariano da Silva e Cornélio Pires)
"Divino Espírito Santo" (Antonio Boaventura de Oliveira, Carlos Paviani, Canhoto e Torrinha)
"Peão Bicharedo" (Bezerra de Menezes)
"Chitãozinho e Xororó" (Serrinha e Athos Campos)
"Rei do Café" (Carreirinho e Teddy Vieira)
"Destinos Iguais" (Ariovaldo Pires e Ochelcis Laureano)
"O Menino da Porteira" (Teddy Vieira e Luizinho)

16) *Inezita Barroso* (Copacabana COELP-40401, 1972)
(coletânea)
"Peixe Vivo" (folclore mineiro/ adaptação de Rômulo Paes e Henrique de Almeida)
"Engenho Novo" (Hekel Tavares)
"Lampião de Gás" (Zica Bergami)
"Moda da Pinga" (Ochelcis Laureano)
"Funeral de um Rei Nagô" (Hekel Tavares e Murilo Araújo)
"Viola Quebrada" (Mário de Andrade e Ary Kerner)
"Canto da Saudade" (Alberto Costa)
"Boi-Bumbá" (Waldemar Henrique)
"Trem de Alagoas" (Waldemar Henrique e Ascenso Ferreira)
"Jangada" (João de Barro e Alberto Ribeiro)
"Coco Verde" (José Prates)
"Morena, Morena" (folclore paranaense/ recolhida por Francisco Mignone)

17) *Modas e Canções* (Copacabana SOLP-40565, 1975) (coletânea)
"Luar do Sertão" (João Pernambuco e Catulo da Paixão Cearense)
"De Papo pro Ar" (Joubert de Carvalho e Olegário Mariano)
"Maringá" (Joubert de Carvalho)
"A Voz do Violão" (Francisco Alves e Horácio Campos)
"Prenda Minha" (folclore gaúcho)
"Fiz a Cama na Varanda" (Dilu Mello e Ovídio Chaves)
"Pingo d'Água" (Raul Torres e João Pacífico)
"Tristeza do Jeca" (Angelino de Oliveira)
"Cavalo Preto" (Anacleto Rosas Jr.)
"Meu Limão, Meu Limoeiro" (folclore pernambucano/ adaptação de José Carlos Burle)
"Azulão" (Jayme Ovalle e Manuel Bandeira)
"Festa de Ogum" (Babi de Oliveira)

18) *Inezita em Todos os Cantos* (Copacabana COLP-12016, 1975)
"Pontos de Ogum" (recolhidos na Bahia)
"Rosa" (recolhida em Mato Grosso)
"Seleção de Sambas" (recolhidos no Rio de Janeiro e Niterói)
"Temas de Cururus" (recolhidos em Piracicaba)
"Seleção de Maracatus" (recolhidos em Pernambuco pelos Irmãos Valença, Solano Trindade e Jorge Ayres)
"É a Ti Flor do Céu" (melodia recolhida em Diamantina)
"Negrinho do Pastoreio" (folclore gaúcho/ adaptação de Barbosa Lessa)
"Divisão do Boi" (recolhida no Nordeste por Zé do Norte)
"Amo-Te Muito" (recolhida em Ouro Preto por João Chaves)
"Capoeira do Salomão" (recolhida na Bahia)
"Marabá" (tema de garimpeiros do Pará recolhido por José Mauro de Vasconcelos)
"Vou Deitá no Colo Dela" (recolhida em Minas Gerais)
"Asa Branca" (Luiz Gonzaga e Humberto Teixeira)

19) *Seleção de Ouro — Inezita Barroso*
(Copacabana SOLP-40797, 1977)
(coletânea)
"Moda da Pinga" (Ochelcis Laureano)
"Fiz a Cama na Varanda" (Dilu Mello e Ovídio Chaves)
"Mestiça" (Gonçalves Crespo)
"Peixe Vivo" (folclore mineiro/ adaptação de Rômulo Paes e Henrique de Almeida)
"O Menino da Porteira" (Teddy Vieira e Luizinho)
"Luar do Sertão" (João Pernambuco e Catulo da Paixão Cearense)
"Lampião de Gás" (Zica Bergami)
"De Papo pro Ar" (Joubert de Carvalho e Olegário Mariano)
"Prenda Minha" (folclore gaúcho)
"Maringá" (Joubert de Carvalho)
"Meu Limão, Meu Limoeiro" (folclore pernambucano/ adaptação de José Carlos Burle)
"Banzo" (Hekel Tavares e Murilo Araújo)

20) *Joia da Música Sertaneja*
(Copacabana SOLP-40831, 1978)
"Mágoa de Boiadeiro" (Nonô Basílio e Índio Vago)
"Paineira Velha" (José Fortuna)
"Azul Cor de Anil" (Arlindo Santana)
"Colcha de Retalhos" (Raul Torres)
"Canoeiro" (Zé Carreiro e Alocin)
"Que Linda Morena" (Raul Torres)
"Burro Picaço" (Anacleto Rosas Jr.)
"Perto do Coração" (João Pacífico e Raul Torres)
"Os Três Boiadeiros" (Anacleto Rosas Jr.)
"Pagode em Brasília" (Teddy Vieira e Lourival dos Santos)
"Cabocla Tereza" (Raul Torres e João Pacífico)
"Vingança do Chico Mineiro" (Tonico e Sebastião de Oliveira)

21) *Inezita Barroso com Evandro e seu Regional* (Copacabana COELP-41209, 1979)
(ao vivo com Evandro e seu Regional)
"Ronda" (Paulo Vanzolini)
"Último Desejo" (Noel Rosa)
"Solavanco" (Evandro)
"João Valentão" (Dorival Caymmi)
"Chorinho Serenata" (Sivuca)
"Castigo" (Dolores Duran)
"Bodas de Prata" (Evandro)
"Perfil de São Paulo" (Bezerra de Menezes)
"Recordando Garoto" (Lúcio França)
"Chão de Estrelas" (Orestes Barbosa e Sílvio Caldas)
"Carinhoso" (Pixinguinha e João de Barro)
"Pirilampo" (Oscar Belandi e Nelson Miranda)
"Quem Há de Dizer" (Lupicínio Rodrigues e Alcides Gonçalves)
"Segura Paes Leme" (Luperce Miranda)

22) *Joia da Música Sertaneja nº 2* (Copacabana COELP-41317, 1980)
"Piracicaba" (Newton de Almeida Mello)
"O Que Tem a Rosa" (Serrinha)
"Travessia do Araguaia" (Dino Franco e Décio dos Santos)
"Velho Candieiro" (José Rico e Duduca)
"Siriema" (Mario Zan e Nhô Pai)
"O Berrante de Madalena" (Faísca)
"Barbaridade" (Walter Amaral)
"João de Barro" (Teddy Vieira e Muibo Cury)
"História de um Prego" (João Pacífico)
"Jorginho do Sertão" (Cornélio Pires)
"Oi, Vida Minha" (Cornélio Pires)
"Ferreirinha" (Carreirinho)

23) *Inezita Barroso — A Incomparável — Trinta Anos de Carreira* (Líder 803.193, 1985)
"Vida Marvada" (Almirante e Lúcio Mendonça Azevedo)
"Piazito Carreteiro" (Luiz Menezes)
"Juazeiro" (Oswaldo de Souza)
"Guacira" (Hekel Tavares e Joracy Camargo)
"História Triste de uma Praieira (Jangadeiro)" (Adelmar Tavares e Stefânia de Macedo)
"Chuá-Chuá" (Pedro de Sá Pereira e Ary Pavão)
"Bolinho de Fubá" (Edvina de Andrade)
"Querer Bem Não é Pecado" (Oswaldo de Souza)
"É Doce Morrer no Mar" (Dorival Caymmi e Jorge Amado)
"Ontem ao Luar" (Catulo da Paixão Cearense e Pedro de Alcântara)

Compactos

1) *Inezita Barroso com Orquestra* (Copacabana CEP-4538, coletânea)
"Funeral de um Rei Nagô" (Hekel Tavares e Murilo Araújo)
"Banzo" (Hekel Tavares e Murilo Araújo)
"Rainha Ginga" (Leyde Olivé)
"Festa do Congado" (Juracy Silveira)

2) *Estatutos da Gafieira* (RCA Camden CD-5020, 1955, coletânea)
"Estatutos da Gafieira" (Billy Blanco)
"Moda da Pinga" (Ochelcis Laureano)
"Isto é Papel, João?" (Paulo Ruschel)
"Catira" (folclore/ adaptação de R. de Souza)

3) *Festa de Reis* (Copacabana CEP-4579, 1959)
"Festa de Reis" (folclore)
"Queima da Lapinha" (recolhida em Minas Gerais por Hervé Cordovil e Duo Brasil Moreno)
"Entrai, Pastorinhas" (folclore/ adaptação de Inezita Barroso)

4) *Acalanto* (Copacabana CEP-4567, 1960)
"Cantiga de Nossa Senhora" (Hekel Tavares e Luiz Peixoto)
"Acalanto do Negrinho" (Hervé Cordovil e Oswaldo Molles)
"Berceuse da Onda" (Lorenzo Fernandes e Cecília Meireles)
"Dorme Iemanjá" (Maurici Moura e José Mauro de Vasconcelos)

5) *Inezita Barroso* (Copacabana 4527, 1960, coletânea)
"Engenho Novo" (Hekel Tavares)
"Lampião de Gás" (Zica Bergami)
"Moda da Pinga" (Ochelcis Laureano)
"Ser Mãe é Dureza" (Billy Blanco)

6) *A Onça Preguiçosa* (Saci 3001, 1962)
"A Onça Preguiçosa" (história infantil/ adaptação de Inezita Barroso)

7) *A Onça e o Fim do Mundo* (Saci 3004, 1963)
"A Onça e o Fim do Mundo" (história infantil/ adaptação de Inezita Barroso)

8) *Inezita Barroso nº 3* (Copacabana 3339, 1963, coletânea)
"Moda da Pinga" (Ochelcis Laureano)
"Balaio" (folclore/ adaptação de Barbosa Lessa e Paixão Côrtes)
"Conversa de Caçador" (Edvina de Andrade)
"Fiz a Cama na Varanda" (Dilu Mello e Ovídio Chaves)

Discografia

9) *Inezita Barroso nº 4* (Copacabana 3341, coletânea)
"Luar do Sertão" (João Pernambuco e Catulo da Paixão Cearense)
"Maringá" (Joubert de Carvalho)
"De Papo pro Ar" (Joubert de Carvalho e Olegário Mariano)
"Lampião de Gás" (Zica Bergami)

10) *Cadê José* (Copacabana CEP-4578, 1966)
"Cadê José" (Paulo Vanzolini)
"Chorava no Meio da Rua" (Paulo Vanzolini)

11) *Inezita Barroso* (Copacabana CS-0900, 1970)
"Corinthians, Meu Amor" (Idibal Pivetta e Laura Maria)
"Festa no Coreto" (Gilda Brandi)

12) *Inezita Barroso* (Copacabana CS-1434, 1974)
"Tô Como o Diabo Gosta" (Bráulio de Castro e José Wilson)
"Mil Novecentos e Nada" (Leo Karan e Gilberto Karan)

13) *Inezita Barroso* (Copacabana CD-3777, 1977, coletânea)
"Moda da Pinga" (Ochelcis Laureano)
"Tristeza do Jeca" (Angelino de Oliveira)
"Lampião de Gás" (Zica Bergami)
"Meu Limão, Meu Limoeiro" (folclore/adaptação de José Carlos Burle)

14) *Inezita Barroso* (Copacabana 40406, 1981)
"Sonho de Caboclo" (Adauto Santos)
"Cateretê" (Edvina de Andrade)
"Devoção" (Nonô Basílio)
"O Gosto do Caipira" (Luiz Lauro e Ado Benatti)

CDs

1) *Alma Brasileira* (Copacabana, 1993) (coletânea)
"Luar do Sertão" (João Pernambuco e Catulo da Paixão Cearense)
"Moda da Pinga" (Ochelcis Laureano)
"Morena, Morena" (folclore paranaense/ recolhida por Francisco Mignone)
"Engenho Novo" (Hekel Tavares)
"Soca Pilão" (folclore/ adaptação de José Roberto)
"Meu Limão, Meu Limoeiro" (folclore pernambucano/ adaptação de José Carlos Burle)
"Prenda Minha" (folclore gaúcho)
"Saudades de Matão" (Antenógenes Silva e Raul Torres)
"Asa Branca" (Luiz Gonzaga e Humberto Teixeira)
"Maringá" (Joubert de Carvalho)
"Peixe Vivo" (folclore mineiro/ adaptação de Rômulo Paes e Henrique de Almeida)
"O Menino da Porteira" (Teddy Vieira e Luizinho)
"Negrinho do Pastoreio" (folclore gaúcho/ adaptação de Barbosa Lessa)
"Tristeza do Jeca" (Angelino de Oliveira)

2) *Inezita Barroso e Roberto Corrêa — Voz e Viola* (RGE, 1996)
"Felicidade" (Lupicínio Rodrigues)
"Flor do Cafezal" (Luiz Carlos Paraná)
"Fiz uma Viagem" (Dorival Caymmi)
"Perfil de São Paulo" (Bezerra de Menezes)
"Peixe Vivo" (folclore mineiro/ adaptação de Rômulo Paes e Henrique de Almeida)
"Tamba-Tajá" (Waldemar Henrique)
"Chalana" (Antonio Pinto e Mario Zan)
"Pagode em Brasília" (Teddy Vieira e Lourival dos Santos)
"Prece ao Vento" (Gilvan Chaves, Alcyr Pires Vermelho e Fernando Lobo)
"O Menino de Braçanã" (Armando Passos e Luiz Vieira)
"Romaria" (Renato Teixeira)
"Sussuarana" (Hekel Tavares e Luiz Peixoto)
"Festa do Peão" (Bezerra de Menezes)
"Lampião de Gás" (Zica Bergami)/ "Moda da Pinga" (Ochelcis Laureano)

3) *Inezita Barroso e Roberto Corrêa — Caipira de Fato — Voz e Viola* (RGE, 1997)
"Caipira de Fato" (Adauto Santos)
"Chico Mineiro" (Tonico e Francisco Ribeiro)
"Adeus, Campina da Serra" (Cornélio Pires e Raul Torres)
"Cuitelinho" (folclore/ adaptação de Paulo Vanzolini e Antonio Xandó)
"Siriema" (Mario Zan e Nhô Pai)
"Benzim" (adaptação de Roberto Corrêa)
"Curitibana" (Tonico, Tinoco e Pirigoso)
"A Coisa Tá Feia" (Tião Carreiro e Lourival dos Santos)
"Moda do Bonde Camarão" (Mariano da Silva e Cornélio Pires)
"De Papo pro Ar" (Joubert de Carvalho e Olegário Mariano)
"Oi, Vida Minha" (Cornélio Pires)
"Burro Xucro" (Francisco de Assis)
"Roda Carreta" (Paulo Ruschel)
"A Viola e o Violeiro" (Lourival dos Santos e Tião Carreiro)

4) *Raízes Sertanejas — Inezita Barroso* (EMI-Odeon, 1998)
(coletânea)
"Lampião de Gás" (Zica Bergami)
"Moda da Pinga" (Ochelcis Laureano)
"Engenho Novo" (Hekel Tavares)
"Prenda Minha" (folclore gaúcho)
"Tristeza do Jeca" (Angelino de Oliveira)
"Fiz a Cama na Varanda" (Dilu Mello e Ovídio Chaves)
"De Papo pro Ar" (Joubert de Carvalho e Olegário Mariano)
"Azulão" (Jayme Ovalle e Manuel Bandeira)
"Pezinho" (folclore gaúcho/ adaptação de Barbosa Lessa e Paixão Côrtes)
"Balaio" (folclore gaúcho/ adaptação de Barbosa Lessa e Paixão Côrtes)
"Na Serra da Mantiqueira" (Ary Kerner)
"Luar do Sertão" (João Pernambuco e Catulo da Paixão Cearense)
"Mestiça" (Gonçalves Crespo)
"Peixe Vivo" (folclore mineiro/ adaptação de Rômulo Paes e Henrique de Almeida)
"Negrinho do Pastoreio" (folclore gaúcho/ adaptação de Barbosa Lessa)

> > >

"Meu Limão, Meu Limoeiro" (folclore pernambucano/ adaptação de José Carlos Burle)
"Chitãozinho e Xororó" (Serrinha e Athos Campos)
"Chico Mineiro" (Tonico e Francisco Ribeiro)
"O Menino da Porteira" (Teddy Vieira e Luizinho)
"Rio de Lágrimas" (Tião Carreiro, Piraci e Lourival dos Santos)

5) *Raízes Sertanejas Vol. 2* (EMI-Odeon, 1999)
(coletânea)
"Poeira" (Serafim Gomes e Luiz Bonan)
"Banzo" (Hekel Tavares e Murilo Araújo)
"Adeus, Minas Gerais" (Juracy Silveira)
"Cateretê" (Edvina de Andrade)
"Moda da Mula Preta" (Raul Torres)
"Boi Amarelinho" (Raul Torres)
"Viola Quebrada" (Mário de Andrade e Ary Kerner)
"Temas de Cururus" (folclore)
"Piracicaba" (Newton de Almeida Mello)
"Paineira Velha" (José Fortuna)
"Na Casa Branca da Serra" (Guimarães Passos e Miguel Pestana)
"Canoeiro" (Zé Carreiro e Alocin)
"Ferreirinha" (Carreirinho)
"João de Barro" (Teddy Vieira e Muibo Cury)
"Barbaridade" (Walter Amaral)
"Roda Carreta" (Paulo Ruschel)
"Caboclo do Rio" (Babi de Oliveira)
"O Gosto do Caipira" (Luiz Lauro e Ado Benatti)
"Rancheira de Carreirinha" (Barbosa Lessa)
"Cisne Branco" (Antônio Manuel do Espírito Santo e Benedito de Macedo)

6) *Sou Mais Brasil* (CPC-UMES, 1999)
"Viola Enluarada" (Marcos Valle e Paulo Sérgio Valle)
"A Saudade Mata a Gente" (Antonio Almeida e João de Barro)
"Isto é Papel, João?" (Paulo Ruschel)
"Cuitelinho" (folclore/ adaptação de Paulo Vanzolini e Antonio Xandó)
"Nhapopé" (folclore/ adaptação de Inezita Barroso)
"Coco do Mané" (Luiz Vieira)
"Procissão de Sexta-Feira Santa" (Paulinho Nogueira)
"Ave Maria" (Erotides de Campos)
"Segura Zé" (Israel Filho e Tiago Duarte)
"Moda da Pinga" (Ochelcis Laureano)
"No Bom do Baile" (Barbosa Lessa)
"Pingo d'Água" (Raul Torres e João Pacífico)
"Meu Casório" (folclore)
"Lampião de Gás" (Zica Bergami)

7) *Perfil de São Paulo* (Inter CD, 2000)
(ao vivo com Izaías e seus Chorões; as faixas com participação de Inezita Barroso estão assinaladas com *)
"Lampião de Gás" (Zica Bergami)/ "Ronda" (Paulo Vanzolini)*
"Chorando em São Paulo" (Magda Santos e Pó)
"Serenata" (Martins Fontes e Mary Buarque)*
"Rapaziada do Brás" (Alberto Marino e Vicente Giordano)
"Moda do Bonde Camarão" (Mariano da Silva e Cornélio Pires)*
"Sampa" (Caetano Veloso)
"Viola Quebrada" (Mário de Andrade e Ary Kerner)*
"Saudade de Guará" (Bonfiglio de Oliveira)
"Canção da Guitarra" (Marcelo Tupinambá e Aplecina do Carmo)*
"Diabólico" (Zinomar Pereira)
"A Moda dos Pau d'Água" (folclore)*
"Saudade de Rubineia" (Josevandro Pires de Carvalho)
"O Batateiro" (Zica Bergami)*
"Na Serra da Mantiqueira" (Ary Kerner)*

> > >

Discografia 189

"Dadá Dá o Tom" (Arnaldo Galdino da Silva)
"Moda da Pinga" (Ochelcis Laureano)*
"Flor do Cafezal" (Luiz Carlos Paraná)*
"Perfil de São Paulo" (Bezerra de Menezes)*
"Lampião de Gás" (Zica Bergami)*

8) *Bis Sertanejo — Inezita Barroso* (EMI, 2000, dois CDs)
(coletânea)
"Lampião de Gás" (Zica Bergami)
"Engenho Novo" (Hekel Tavares)
"Poeira" (Serafim Gomes e Luiz Bonan)
"Tristeza do Jeca" (Angelino de Oliveira)
"De Papo pro Ar" (Joubert de Carvalho e Olegário Mariano)
"Adeus, Minas Gerais" (Juracy Silveira)
"Peixe Vivo" (folclore mineiro/ adaptação de Rômulo Paes e Henrique de Almeida)
"Fiz a Cama na Varanda" (Dilu Mello e Ovídio Chaves)
"Pezinho" (folclore gaúcho/ adaptação de Barbosa Lessa e Paixão Côrtes)
"Prenda Minha" (folclore gaúcho)
"Moda da Mula Preta" (Raul Torres)
"Negrinho do Pastoreio" (folclore gaúcho/ adaptação de Barbosa Lessa)
"Chico Mineiro" (Tonico e Francisco Ribeiro)
"Luar do Sertão" (João Pernambuco e Catulo da Paixão Cearense)
"Moda da Pinga" (Ochelcis Laureano)
"Piracicaba" (Newton de Almeida Mello)
"Na Serra da Mantiqueira" (Ary Kerner)

> > >

"Na Casa Branca da Serra" (Guimarães Passos e Miguel Pestana)
"Mágoa de Boiadeiro" (Nonô Basílio e Índio Vago)
"Canoeiro" (Zé Carreiro e Alocin)
"Rio de Lágrimas" (Tião Carreiro, Piraci e Lourival dos Santos)
"Ferreirinha" (Carreirinho)
"O Menino da Porteira" (Teddy Vieira e Luizinho)
"João de Barro" (Teddy Vieira e Muibo Cury)
"Chitãozinho e Xororó" (Serrinha e Athos Campos)
"Cavalo Preto" (Anacleto Rosas Jr.)
"Pingo d'Água" (Raul Torres e João Pacífico)
"Paineira Velha" (José Fortuna)

9) *A Música Brasileira deste Século por seus Autores e Intérpretes — Inezita Barroso* (SESC, 2001)
(ao vivo no programa *Ensaio*, da TV Cultura)
"Moda da Pinga" (Ochelcis Laureano)
"Ronda" (Paulo Vanzolini)
"Último Desejo" (Noel Rosa)
"Quem Há de Dizer" (Lupicínio Rodrigues e Alcides Gonçalves)
"Cais do Porto" (Capiba)
"Meu Boi Surubim" (Ascenso Ferreira)
"Tamba-Tajá" (Waldemar Henrique)
"Berceuse da Onda" (Lorenzo Fernandes e Cecília Meireles)
"Estatutos da Gafieira" (Billy Blanco)
"Divino Espírito Santo" (Antonio Boaventura de Oliveira, Carlos Paviani, Canhoto e Torrinha)
"Tristeza do Jeca" (Angelino de Oliveira)
"Azul Cor de Anil" (Arlindo Santana)
"Rio de Lágrimas" (Tião Carreiro, Piraci e Lourival dos Santos)
"Taieiras" (folclore/ adaptação de Luciano Gallet)
"Bumba Meu Boi" (folclore)
"Lampião de Gás" (Zica Bergami)

Discografia 191

10) *Hoje Lembrando* (Trama, 2003)
"Bem Iguais" (Paulo Vanzolini)
"Amo-Te Muito" (João Chaves)
"Tamba-Tajá" (Waldemar Henrique)
"Modinha" (Villa-Lobos e Manuel Bandeira)
"Recompensa" (Paulo Vanzolini)
"Guacira" (Hekel Tavares e Joracy Camargo)
"A Voz do Violão" (Francisco Alves e Horácio Campos)
"Leilão" (Hekel Tavares e Joracy Camargo)
"Roda Carreta" (Paulo Ruschel)
"Maria Macambira" (Babi de Oliveira e Orádia de Oliveira)
"Cais do Porto" (Capiba)
"Ismália" (Alphonsus de Guimaraens e Capiba)
"Maricota Sai da Chuva" (Marcelo Tupinambá)

11) *Ronda* (Revivendo, 2005) (coletânea)
"Ronda" (Paulo Vanzolini)
"Retiradas" (Oswaldo de Souza)
"Redondo Sinhá" (Barbosa Lessa)
"Benedito Pretinho"/ "Meu Barco é Veleiro" (Hekel Tavares e Olegário Mariano)
"Moda da Pinga" (Ochelcis Laureano)
"Nhapopé" (folclore)
"Coco do Mané" (Luiz Vieira)
"O Canto do Mar" (Guerra Peixe e José Mauro de Vasconcelos)
"Taieiras" (folclore)
"Na Fazenda do Ingá" (Zé do Norte)
"Isto é Papel, João?" (Paulo Ruschel)
"Roda a Moenda" (Haroldo Costa)
"Dança de Caboclo" (Hekel Tavares e Olegário Mariano)
"Pregão da Ostra" (folclore)
"Mestiça" (Gonçalves Crespo)
"Meu Casório" (folclore)
"Iemanjá" (Nelson Ferreira e Luiz Luna)
"Maracatu Elegante" (José Prates)
"Catira" (folclore/ adaptação de R. de Souza)
"Soca Pilão" (folclore/ adaptação de José Roberto)
"Estatutos da Gafieira" (Billy Blanco)

12) *Trilhas Globo Rural — Inezita Barroso e Roberto Corrêa* (Som Livre, 2006) (coletânea)
"A Coisa Tá Feia" (Tião Carreiro e Lourival dos Santos)
"Burro Xucro" (Francisco de Assis)
"Chalana" (Antonio Pinto e Mario Zan)
"Chico Mineiro" (Tonico e Francisco Ribeiro)
"Siriema" (Mario Zan e Nhô Pai)
"Cuitelinho" (folclore/ adaptação de Paulo Vanzolini e Antonio Xandó)
"Curitibana" (Tonico, Tinoco e Pirigoso)
"De Papo pro Ar" (Joubert de Carvalho e Olegário Mariano)
"Felicidade" (Lupicínio Rodrigues)
"Flor do Cafezal" (Luiz Carlos Paraná)
"Lampião de Gás" (Zica Bergami)
"Moda da Pinga" (Ochelcis Laureano)
"Pagode em Brasília" (Teddy Vieira e Lourival dos Santos)
"Peixe Vivo" (folclore mineiro/ adaptação de Rômulo Paes e Henrique de Almeida)
"Romaria" (Renato Teixeira)
"Prece ao Vento" (Gilvan Chaves, Alcyr Pires Vermelho e Fernando Lobo)

13) *Sonho de Caboclo* (Independente, 2009)
"Boiadeiro Errante" (Teddy Vieira)
"Cavalo Preto" (Anacleto Rosas Jr.)
"Flor do Cafezal" (Luiz Carlos Paraná)
"O Que Tem a Rosa" (Serrinha)
"Colcha de Retalhos" (Raul Torres)
"Moda da Mula Preta" (Raul Torres)
"Paineira Velha" (José Fortuna)
"Rio de Lágrimas" (Tião Carreiro, Piraci e Lourival dos Santos)
"Perto do Coração" (João Pacífico e Raul Torres)
"Siriema" (Mario Zan e Nhô Pai)
"Caipira de Fato" (Adauto Santos)
"Mineirinha" (Raul Torres)
"Sonho de Caboclo" (Adauto Santos)
"Conversa de Caçador" (Edvina de Andrade)
"Lampião de Gás" (Zica Bergami)

CAIXA

1) *O Brasil de Inezita Barroso* (EMI, 2011)
Caixa com seis CDs organizada por Rodrigo Faour incluindo os sete primeiros discos de Inezita lançados pela Copacabana: *Inezita Barroso* (1955), *Lá Vem o Brasil* (1956), *Vamos Falar de Brasil* (1958), *Inezita Apresenta* (1958), *Canto da Saudade* (1959), *Eu Me Agarro na Viola* (1960) e *Danças Gaúchas* (1961).
Além das faixas originais, traz as seguintes faixas bônus:

CD *Vamos Falar de Brasil*:
"Congada" (Inara)
"Três Pontos de Santo" (Jayme Ovalle)
"Boi-Bumbá" (Waldemar Henrique)
"Nhapopé" (folclore)
"Taieiras" (folclore)

CD *Eu Me Agarro na Viola*:
"Tamba-Tajá" (Waldemar Henrique)
"Moleque Vardemá" (Billy Blanco)
"Minha Terra" (Waldemar Henrique)
"Casa de Caboclo" (Hekel Tavares e Luiz Peixoto)

CD *Canto da Saudade*:
"Uirapuru" (Waldemar Henrique)
"Prenda Minha" (folclore gaúcho)
"Nhô Locádio" (Hervé Cordovil)
"Oi Calango Ê" (Hervé Cordovil)

CD *Danças Gaúchas*:
"O Gosto do Caipira" (Luiz Lauro e Ado Benatti)
"Estatutos de Boate" (Billy Blanco)
"Ser Mãe é Dureza" (Billy Blanco)
"Entrai, Pastorinhas" (folclore pernambucano recolhido por Frei Sinzig/ adaptação de Inezita Barroso)

As seguintes faixas originais não puderam ser incluídas na caixa *O Brasil de Inezita Barroso* por questão de direitos autorais:
"Viola Quebrada" (Mário de Andrade e Ary Kerner) (LP *Inezita Barroso*, 1955)
"Azulão" (Jayme Ovalle e Manuel Bandeira) (LP *Vamos Falar de Brasil*, 1958)
"Modinha" (Jayme Ovalle e Manuel Bandeira) (LP *Canto da Saudade*, 1959)
"Urutau" (Lamartine Paes de Barros Machado) (LP *Eu Me Agarro na Viola*, 1960)

PARTICIPAÇÕES EM DISCOS COLETIVOS OU DE OUTROS ARTISTAS

1) *Cinco Estrelas Apresentam Inara* (Copacabana CLP-11056, 1958, LP 12")
"Congada" (Inara)
"É Iemanjá" (Inara)

(nesta seção estão relacionadas apenas as faixas com participação de Inezita)

2) *Festas Juninas — Sucessos de Mario Zan com Bandinha e Coro* (Brasidisc 532.404.136, 1988, LP 12")
"Verdadeira Quadrilha nº 1" (Mario Zan)

3) *Canção da Avenida Paulista* (Artium 526.201.681, 1991, compacto duplo)
"Canção da Avenida Paulista" (Mário Albanese e Geraldo Vidigal)

4) *Lamento Sertanejo*, Jair Rodrigues (Copacabana 613.053, 1991, LP 12")
"Velho Pilão" (Jacobina e Jair Amorim)

Discografia 195

5) *Áurea Fontes e Orquestra Violeiros de Ouro* (Independente, 1995, LP 12")
"Boiadeiro Errante" (Teddy Vieira)

6) *Feito na Roça*, Orquestra de Viola Caipira (Independente, 1998, CD)
"Encontro de Bandeiras" (Tavinho Moura e Xavantinho)
"Lampião de Gás" (Zica Bergami)
"Rio de Lágrimas" (Tião Carreiro, Piraci e Lourival dos Santos)

7) *Serenata na UMES — Gereba Convida* (CPC-UMES, 1999, CD)
"Ronda" (Paulo Vanzolini)

8) *Semente Caipira*, Pena Branca (Kuarup, 2000, CD)
"Marcolino" (folclore)

9) *Viola Ética*, Pereira da Viola (Independente, 2001, CD) "Tirana da Rosa" (folclore)

10) *Viola, Minha Viola — Clássicos da Música Caipira Vol. 1* (TV Cultura/ Atração, 2004, CD) "Moda da Pinga" (Ochelcis Laureano)

11) *Viola, Minha Viola — Clássicos da Música Caipira Vol. 2* (TV Cultura/ Atração, 2005, CD) "Lampião de Gás" (Zica Bergami)

12) *Alma Sertaneja Vol. 1*, Cezar e Paulinho (Atração, 2011, CD) "Cavalo Preto" (Anacleto Rosas Jr.)

DVDs

1) *Inezita Barroso — Programa Ensaio — 1991* (TV Cultura/Atração, 2007)
(direção de Fernando Faro)
"Moda da Pinga" (Ochelcis Laureano)
"Ronda" (Paulo Vanzolini)
"Último Desejo" (Noel Rosa)
"Tamba-Tajá" (Waldemar Henrique)
"Estatutos da Gafieira" (Billy Blanco)
"Tristeza do Jeca" (Angelino de Oliveira)
"Azul Cor de Anil" (Arlindo Santana)
"Taieiras" (folclore)
"Bumba Meu Boi" (folclore)
"Lampião de Gás" (Zica Bergami)

2) *Viola, Minha Viola Vol. 1 — 1980 a 1989* (TV Cultura/Atração, 2010)
(apresentação de Moraes Sarmento, Nonô Basílio e Inezita Barroso*)
"Visão do Pensamento" (Tomás e Benedito Seviero), com Zilo e Zalo
"Chico Mulato/Cabocla Tereza" (Raul Torres e João Pacífico), com Nonô Basílio, João
Pacífico e Adauto Santos
"Paineira Velha" (José Fortuna), com José Fortuna, Pitangueira e Zé do Fole
"Boiadeiro Errante" (Teddy Vieira), com Liu e Léo
"Boi Fumaça" (Lourenço e Lourival), com Lourenço e Lourival
"Vara de Marmelo" (Moacir dos Santos e Pardal), com Pardinho e Pardal
"O Menino da Porteira" (Teddy Vieira e Luizinho), com Nono Basílio, Luizinho,
Limeira e Zé Coqueiro
"Mundo Vazio" (Carlos Cezar e José Fortuna), com Matogrosso e Mathias
Entrevista com Nonô Basílio
"De Longe Também Se Ama" (Serrinha e Zé do Rancho), com Zé do Rancho e Zé do
Pinho
"Meu Próprio Destino" (Noel Fernandes e Chico Rei), com Chico Rei e Paraná
"Fofinha" (Léo Canhoto e Delmari), com Léo Canhoto e Robertinho*
"Maior Proeza" (Jesus Belmiro e Paraíso), com Craveiro e Cravinho*
"Curitibana" (Tonico, Tinoco e Pirigoso), com Tonico e Tinoco
"Moda da Pinga" (Ochelcis Laureano), com Inezita Barroso (19/2/1982)
"Beijinho Doce" (Nhô Pai), com Irmãs Galvão*
"Arapuca" (Solevante, Itamaracá e Mangabinha), com Canário e Passarinho
"Guacira" (Hekel Tavares e Joracy Camargo), com Inezita Barroso e o Regional do
Robertinho (13/1/1984)
"Chorosa" (Alberto Calçada), com o Regional do Robertinho
"Sanfona Xonada" (José Felipe e Paulo Gaúcho), com Irmãs Barbosa
"Oi Paixão" (Tião Carreiro e Pardinho), com Tião Carreiro e Pardinho (ao vivo em
Limeira, SP)*
"A Majestade o Pagode" (Tião Carreiro e Lourival dos Santos), com Tião Carreiro e
Pardinho (ao vivo em Limeira, SP)

CDs independentes

1) *Colhendo Pérolas da Obra Musical de Marcelo Tupinambá* (Independente, 1996)
(com Izaías e seus Chorões)
"A Mesma Frase de Amor" (Marcelo Tupinambá)
"Batuque" (Marcelo Tupinambá e Castelo Neto)
"Balaio" (Marcelo Tupinambá e Castelo Neto)
"Como da Primeira Vez" (Marcelo Tupinambá e Samuel de Mayo)
"Quadras" (Marcelo Tupinambá e Vargas Neto)
"Solidão" (Marcelo Tupinambá e Ribeiro Couto)
"Pinto Pelado" (Marcelo Tupinambá e Arlindo Leal)
"Rabicho" (Marcelo Tupinambá)
"Maricota Sai da Chuva" (Marcelo Tupinambá)
"Canção Marinha" (Marcelo Tupinambá e Mário de Andrade)
"Quem É?" (Marcelo Tupinambá)
"Candonga" (Marcelo Tupinambá e Ary Machado)
"Canção de Amor" (Marcelo Tupinambá)
"Cabocla" (Marcelo Tupinambá e Arlindo Leal)
"Canto Chorado" (Marcelo Tupinambá e F. Nascimento)
"Linguinha de Cobra" (Marcelo Tupinambá e Ary Machado)
"Viola Cantadêra" (Marcelo Tupinambá e Aplecina do Carmo)
"Canção da Guitarra" (Marcelo Tupinambá e Aplecina do Carmo)
"O Cigano" (Marcelo Tupinambá e João do Sul)
"O Passo do Soldado" (Marcelo Tupinambá e Guilherme de Almeida)

2) *Inezita e Orquestra Sinfonia Cultura* (Independente, 1997)
"Lampião de Gás" (Zica Bergami)
"Batuque" (Leyde Olivé)
"Canção da Guitarra" (Marcelo Tupinambá e Aplecina do Carmo)
"Na Serra da Mantiqueira" (Ary Kerner)
"Festa de Ogum" (Babi de Oliveira)
"Casa de Caboclo" (Hekel Tavares e Luiz Peixoto)
"Berceuse da Onda" (Lorenzo Fernandes e Cecília Meireles)
"A Rede da Sinhá" (Leyde Olivé)
"O Carro Tombou" (Edvina de Andrade)
"Entrai, Pastorinhas" (folclore pernambucano recolhido por Frei Sinzig/ adaptação de
    Inezita Barroso)

DVDs independentes
(registros de apresentações em Piracicaba, SP, em eventos promovidos pela Fundação
    de Estudos Agrários Luiz de Queiroz e/ou Cultura Artística de Piracicaba)

1) *Colhendo Pérolas da Obra Musical de Marcelo Tupinambá* (1996)
(com Izaías e seus Chorões)
Teatro Municipal de Piracicaba, SP, 9/12/1996

Discografia

2) *Ao Som da Viola — A História de Cornélio Pires* (1997)
(com Mazinho Quevedo)
Teatro Municipal de Piracicaba, SP, 2/9/1997

3) *Lendas do Brasil* (2000)
(com o Coral Piracicabano e a Orquestra Sinfônica de Piracicaba)
Teatro Municipal de Piracicaba, SP, 3/8/2000

4) *Ao Som da Viola — As Ideias e as Canções do Jeca Tatu* (2007)
(com Joãozinho e Marcos)
Teatro Unimep, Piracicaba, SP, 4/9/2007

5) *Vamos Falar de Brasil — Homenagem a Alceu Maynard Araújo* (2010)
(com Joãozinho, Arnaldo Freitas e o Grupo de Catira Raiz de Piracicaba)
Teatro Municipal de Piracicaba, SP, 15/10/2010

6) *Clássicos da Música Caipira* (2012)
(com o Regional do Tico-Tico)
Teatro Municipal Erotides de Campos, Piracicaba, SP, 6/9/2012

7) *Trajetória: Seis Décadas de Música Brasileira* (2013)
(com o Regional do Tico-Tico)
Teatro Municipal Erotides de Campos, Piracicaba, SP, 4/5/2013

Documentário

1) *Inezita Barroso, a voz e a viola* (2009/2011)
Direção de Guilherme Alpendre
Produção executiva de Renato Levi
Fotografia de Juliana Knobel
Produção de Gisele Lobato
Edição de Thais Cortez
Pesquisa de Natália Guerreiro e Vinicius Furuie
Escola de Comunicações e Artes da USP/TV Cultura, São Paulo
1h02min
Disponível em: www.youtube.com/watch?v=oLU-pM2uMis

ÍNDICE ONOMÁSTICO

Abreu, Janaína, 7
Acordeon, Robertinho do, 132-3, 154
Affonso, Ruy, 45, 47
Alberto, Carlos, 86, 88
Almeida, Abílio Pereira de, 60, 85
Almeida, Aracy de, 98
Almeida, Guilherme de, 40
Alves, Ataulfo, 90
Alves, Francisco, 95
Andrade, José Paulo de, 72
Andrade, Mário de, 12, 32
Ângelo, Assis, 157
Anjos, Eliane Dantas dos, 7
Aranha, Carlota de Almeida (Lotinha),
    22-4, 28, 36
Aranha, Cecília, 12
Aranha, Ignez Almeida, 12-3, 15, 21, 72
Aranha, Maria Magdalena de Almeida,
    11-2
Aranha, Marta, 13
Aranha, Philadelpho de Campos, 11, 22
Araújo, Alceu Maynard, 32, 143
Araújo, Carlos, 90
Araújo, Murilo, 74
Arrelia, 92
Arruda, Genésio, 92
Assaré, Patativa do, 137
Assunção, Anthony, 86
Autran, Paulo, 45, 52, 58-9, 61-2, 66, 86,
    92, 108, 152-3
Ayres, Clotilde Magdalena, 11
Ayres, Maria Magdalena (Zica), 10-2, 22
Ayres, Raquel Magdalena, 11
Azevedo, Ramos de, 27
Baltazar, 86
Bando Flor do Mato, 126-7
Bandolim, Izaías do, 157

Barbosa, Adoniran, 90, 92
Barbosa, Carlinhos, 156
Barcelos, Jaime, 86
Barrault, Jean-Louis, 62, 64
Barreto, Suzana Pereira, 61
Barros, Fernando de, 150
Barros, Theo de, 160-1
Barroso, Adolfo Cabral, 41, 43-6, 51-2,
    54, 57, 61, 76, 104, 108, 150
Barroso, Ary, 57, 74, 102-3
Barroso, Mariana, 41, 61
Barroso, Maurício, 45-7, 60, 94, 104
Bartira, 11
Basílio, Nonô, 129
Batista, Dircinha, 100
Batista, Jane, 88
Batista, Linda, 100-2
Beatles, The, 122
Becker, Cacilda, 58, 60, 85
Beethoven, Ludwig van, 38
Bentivegna, Wilma, 48
Bergami, Zica, 97, 112-3, 162-3
Biar, Célia, 92
Blanco, Billy, 92, 98
Blota Júnior, José, 80, 86
Blota, Geraldo, 92
Bogus, Armando, 47
Borges, Durval Rosa, 72, 76-7
Botezelli, J. C. (Pelão), 161
Braga, Rubem, 100
Brandão, 46
Brandão, Valéria, 7
Braz da Viola, 162
Brito, Sérgio, 86
Bruno, Nicete, 100
Buarque, Mary, 28-31, 70-1, 73
Bueno, Beatriz Pereira, 19

Bueno, Isolda Pereira, 19
Bueno, Mauro Pereira, 19
Burle, José Carlos, 86, 160
Buti, Carlo, 115
Caco Velho, 90
Caçulinha, 137
Caio, 55
Caldas, Silvio, 95, 97
Camargo, Febo, 112
Camargo, Hebe, 46, 51, 112
Camargo, Nelson, 104
Campello, Tony, 136
Canhoto, 96
Capiba, 76-7
Carbone, 86
Cardoso, Elizeth, 117
Cardoso, Sérgio, 62
Carlos, Roberto, 121-2
Carrasqueira, Toninho, 126
Carreiro, Tião, 162
Carrero, Tônia, 51-2, 92
Caruso, Enrico, 11, 66
Carvalho Filho, Paulo Machado de, 81, 103
Carvalho, Joubert de, 64, 92, 162
Carvalho, Paulo Gontijo de (Polera), 64
Carvalho, Paulo Machado de, 40, 94
Cassiano, 162
Castelão, 100
Catarina, 133
Cavalcanti, Alberto, 85-6, 89-90, 98
Cavalcanti, Di, 64
Caymmi, Dorival, 162
Celi, Adolfo, 60
Chateaubriand, Assis, 150
Chaves, Gilvan, 162
Chaves, Juca, 114
Chiquinho do Acordeon, 96
Chitãozinho e Xororó, 130
Chopin, Frédéric, 38
Civelli, Mário, 86
Cláudio, 86
Coelho, Zaíra, 37, 40
Colé Santana, 90-1
Consorte, Renato, 45, 52, 58-9, 86, 92, 108, 152
Consuelo, Beatriz, 86

Cordovil, Hervé, 80, 92, 110-2
Corrêa, Roberto, 135, 161
Correia, Dom Aquino, 19
Côrtes, Paixão, 110-1
Cortez, Raul, 47
Couto, Armando, 86
Crosby, Bing, 45
Cruz, Carmélio, 62-3
Cury, Muibo, 139
D'Ávila, Walter, 92
Daniel, 155
Diaféria, Lourenço, 68
Diener, Mary, 61, 113
Dines, Alberto, 86
Dino Sete Cordas, 96
Dino, 46
Ditão, 10
Donato, João, 152
Duran, Dolores, 102
Durbin, Deanna, 36
Duval, Liana, 86
Edson, 20
Emilinha, 51
Esteves, Norberto, 150
Facchini, Oneida, 38
Falco, Rubens de, 45, 47
Faro, Fernando, 161
Felipe, 55
Feola, Vicente, 94
Fernandes, Millôr, 98, 101-2
Fernando, 55
Ferreira, Abel, 96
Ferreira, Nelson, 76
Flynn, Errol, 100
Fonseca, Gessy, 90
Freire, Mário, 92
Freire, Paulo, 162
Froebel, Friedrich, 27
Fronzi, Renata, 92
Gago, Henrique da Cunha, 11
Galhardo, Carlos, 95
Gaó, 76
Garcia, Isaurinha, 80
Garfunkel, Jean, 152, 154
Garoto, 96
Gassman, Vittorio, 62
Geraldo, 24

Gershwin, George, 38
Gigli, Beniamino, 66
Gil, Gilberto, 160
Gilmar, 86
Golias, Ronald, 142
Gonzaga, Ademar, 92
Gonzaga, Luiz, 102
Goulart, Paulo, 86, 100
Grande Otelo, 95
Grupo Folclórico Brasileiro, 111
Guerra Peixe, César, 90, 96
Guimarães, Ruth, 126
Guizar, Tito, 74
Helena, Célia, 111
Henrique, Waldemar, 74
Hoffmann, E. T. A., 85
Imaculada, 20
Índio, 86
Irmãs Galvão, 155
Itamaracá, Lia de, 155
Jamelão, 68
Jango, 46
Jograis de São Paulo, 45, 47, 60, 94, 100, 104-5, 113, 120, 122
Jorge, Valdemar, 157
Juca, 16
Juliano, Randal, 92
Kfouri, Maria Luiza, 138
Kubitschek, Juscelino, 113-4
Lage, Eliane, 85
Lago, Mário, 90
Lara, Odete, 90
Laranjeira, Elza, 92
Laureano, Ochelcis, 160
Leme, Cristina Barroso Macedo, 55
Leme, Fernanda Barroso Macedo, 55
Leme, Marta Barroso Macedo, 52-3, 55, 58, 83, 118, 120, 122-3
Leme, Paula Barroso Macedo, 55
Lemos, Túlio de, 98
Lenk, Maria, 42
Lenk, Paul, 42
Lenk, Sieglinde, 42
Leoncavallo, Ruggero, 66
Leporace, Sebastião (Tonico), 57
Leporace, Vicente, 57, 74, 92
Lerner, Júlio, 129

Lessa, Barbosa, 110-1
Lícia, Nydia, 86, 129
Lima, Humberto Ayres de, 10
Lima, Marcos José Aranha de, 13, 16, 19, 21, 23, 37
Lima, Olyntho Ayres de, 10, 12-3, 21, 32, 71
Lima, Olyntho de, 10-2
Lima, Zaida Ayres de, 10, 12, 20, 39
Lips, Nestório, 90
Lobo, Fernando, 102, 162
Lombardi, Bruna, 90
Lombardi, Ugo, 90
Lopes, Francisco Craveiro, 113
Lourdes, 20
Luana, 55
Luizinho, 86
Lula da Silva, Luiz Inácio, 155
Macedo, Jorge, 20
Machado, Carlos, 100
Madalena, 20
Mamas and the Papas, The, 122
Manovic (Manuel Victor Filho), 82, 97
Manuela, 55
Maragliano, Sérgio, 151
Maria José, 20
Maria, Angela, 83, 102
Maria, Antônio, 98
Mariano, Olegário, 92, 162
Mário, 66
Martha, 16, 20
Martins, Raquel, 90
Martins, Valery, 86
Mathias, Germano, 92
Mauro, Roberto, 94
Maysa, 83
Meirelles, Helena, 134
Mello, Zuza Homem de, 7
Melo, Graça, 86
Menezes, Bezerra de, 162
Menezes, Zé, 96
Mestre Pastinha, 160
Mignone, Francisco, 86
Milliet, Sérgio, 51
Milton, 20
Miranda, Carmen, 95
Miro, 66, 68-9

Índice onomástico

Molles, Oswaldo, 90
Monte, Marisa, 161
Moraes, J. J. de, 72
Moreira, Eduardo (Moreirinha), 65, 76, 82-3, 108, 117, 150-1
Moreira, Marília, 150
Mulato, Zé, 162
Munhoz, Iracema, 35
Nassif, Luís, 157
Nell, Carla, 90
Nepomuceno, Francisco, 98
Niemeyer, Oscar, 9, 154
Nimitz, Riva, 111
Noite Ilustrada, 126
Olavo, 86
Oliveira, Angelino de, 64
Oliveira, Babi de, 160
Oliveira, Dalva de, 95
Oliveira, Thalma de, 80
Oliveira, Valdemar de, 77
Orlando, 50
Orquestra de Viola Caipira de São José dos Campos, 162
Orquestra de Violeiros de Guarulhos, 134
Otávio, 125
Pacheco, Mattos, 150
Pacífico, João, 32
Palácios, Alfredo, 90
Pape-Carpantier, Marie, 27
Paraná, Luiz Carlos, 126, 162
Paulinho da Viola, 68
Payne, Tom, 85
Paz, Porfírio da, 9
Peitão, 102
Peixoto, Cauby, 76, 117
Pelé, 94
Pena Branca e Xavantinho, 134
Pena, Martins, 85
Perdigão, Alda, 48
Pereira da Viola, 162
Pestalozzi, Johann Heinrich, 27
Piaget, Jean, 27
Pidgeon, Walter, 64-5
Pinheiro, Paulo César, 160
Piquerobi, 11
Pirandello, Luigi, 60-3
Pires, Ariovaldo (Capitão Furtado), 32-3

Pires, Cornélio, 30, 32, 162
Pires, Dirce, 90
Portela, Santo, 133
Portinari, Candido, 48
Powell, Baden, 160
Prado, Marisa, 152
Quadros, Jânio, 38, 113
Queiroz, Dinah Silveira de, 102
Quitandinha Serenaders, 96, 152
Ramalho, João, 11
Ramos, Euclides Parente, 72
Regina, 162
Regina, Elis, 126, 160
Regional do Canhoto, 96
Regional do Evandro, 125
Regional do Miranda, 132
Regional do Robertinho, 133
Reis, Dilermando, 114
Reis, Sérgio, 136
Remani, Ernesto, 86
Ribeiro, Carolina, 38
Rios, Elvira, 74
Roberto, 86
Rocha, Carybé da, 160
Rodrigues, Amália, 66
Rodrigues, Jair, 161
Rodrigues, Lupicínio, 96, 162
Rosa, Bartira, 162
Rosa, Noel, 57, 74, 98-9, 102
Rossano, Herval, 86, 88
Rossi, Ítalo, 86
Rossi, Spartaco, 76
Rousseau, Jean-Jacques, 27
Ruschel, Alberto, 52, 84-5, 152-3
Ruschel, Beto, 152
Ruschel, Paulo, 52, 87, 96, 152
Ruschel, Rita, 152
Ruy, Evaldo, 74, 86, 102
Sá, Carlos, 151
Salete, 20
Sampaio, Oswaldo, 92, 102
Santiago, Itagyba, 32-3
Santos, Adauto, 126, 162
Santos, Lourival dos, 162
Santos, Rubens Rodrigues dos, 122
Sarmento, Moraes, 128-32
Saroyan, William, 60

Sater, Almir, 136, 155
Sérgio, Mário, 86, 92
Silva, Antenógenes, 137
Silva, Homero, 48
Silva, Mariano da, 162
Silva, Orlando, 95, 115
Silveira, Miroel, 90, 126
Simonetti, Enrico, 60, 92
Sinatra, Frank, 45
Sobrinho, Francisco Matarazzo, 9
Sobrinho, Pagano, 57-8
Sousa, Monsenhor Benedito Paulo Alves
   de, 18-9
Souto, Hélio, 86
Souza, R. de, 96
Souza, Ruth de, 62, 86, 152-3
Stone, Harry, 64
Synésio Júnior, 16
Synésio, 69
Tavares, Hekel, 74
Tavares, Túlio, 57, 153, 161
Teixeira, Humberto, 102
Teixeira, Renato, 126, 162
Teresa, Dina, 66-7
Timóteo, Agnaldo, 117, 136
Titulares do Ritmo, 98
Tonico e Tinoco, 22, 46, 133-4
Torneze, Rui, 135
Torres, Raul, 30, 32
Trigêmeos Vocalistas, 30
Tupinambá, Marcelo, 70, 85, 161
Valente, Caterina, 66-7
Vandré, Geraldo, 160
Vanzolini, Ilze, 58
Vanzolini, Paulo, 57-8, 90, 95-7, 126,
   161-2
Vargas, Alzira, 150
Vargas, Getúlio, 150
Vargas, Pedro, 48, 73-4
Vasconcelos, José Mauro de, 96
Vavá, 100
Vaz, Pedro, 139
Vergueiro, Carlinhos, 45
Vergueiro, Carlos, 45, 47
Vermelho, Alcyr Pires, 162
Vieira, Euclides, 20, 41
Vilela, Ivan, 135

Villa-Lobos, Heitor, 40
Von Stuckart, Max, 102
Wagner, Felipe, 47
Wanderley, Valdo, 90
Wilma, Eva, 71, 73, 86, 88
Xandó, Antonio, 162
Xavante, Gerusa, 147
Zampari, Carlo, 85
Zampari, Franco, 58, 60, 85
Zé do Rancho, 137
Zé Luiz, 162
Zélia, 20
Zeloni, Otelo, 92-3
Ziembinski, 52, 58, 60, 62-3, 92-3

Índice onomástico

NOTA DA EDITORA

Arley Pereira foi um grande amigo de Inezita Barroso. Este livro foi escrito como uma homenagem à carreira da artista, e traz para o leitor o calor das conversas que tiveram e as memórias que a cantora transmitiu ao jornalista. Finalizada a pesquisa e a redação do texto, Arley entregou os originais à editora em 2006. Infelizmente, quando uma das etapas do trabalho mais importantes e prazerosas iria se iniciar — a edição final do texto, a escolha das imagens, a redação das legendas etc., num exercício de estreita parceria entre autor e editora —, Arley Pereira veio a falecer, em março de 2007, vítima de complicações cardíacas. De lá para cá, no entanto, para que pudéssemos finalizar o livro e atualizar algumas informações, tivemos o privilégio de contar com a colaboração da própria Inezita, que disponibilizou seus arquivos e sua simpatia para o projeto, e de toda uma legião de amigos devotada à causa da cultura brasileira e à memória de Arley. Entre esses, gostaríamos de registrar nosso agradecimento a Aloisio Milani, André Albert, Assis Ângelo, José Carlos de Moura, Marcelo Aranha, Marco Antonio Audrá, Mario Rosito Filho, Patrícia Civelli, Pedro Ferreira, Sérgio Molina, Valéria Brandão e Zuza Homem de Mello.

SOBRE O AUTOR

Arley Pereira Gomes de Oliveira nasceu em 1º de janeiro de 1935, em São Paulo. Cursou Sociologia e Política na Fundação Armando Álvares Penteado, dedicando-se em seguida ao jornalismo. A partir de 1959 ocupou os cargos de repórter, chefe de reportagem e editor em vários órgãos da imprensa brasileira. Estabeleceu-se-se como repórter especial, principalmente em esportes, cobrindo as Copas do Mundo de 1958, na Suécia, e 1962, no Chile. Posteriormente, dedicou-se à música popular brasileira, especializando-se como cronista. Trabalhou nos jornais *Última Hora, O Estado de S. Paulo, Movimento* e *A Gazeta Esportiva*; nas revistas *O Cruzeiro* e *Manchete*; nas emissoras de televisão Tupi, Cultura, Globo, SBT, Record e Bandeirantes; e na rádio Jovem Pan, entre muitos outros meios de comunicação. É autor do livro *Brasil de todas as Copas, 1930-1982*, juntamente com Paulo Cezar Correia, publicado pela Editora Três em 1982; da coleção *A história do samba*, lançada pela Editora Globo nos anos 1990 em quarenta fascículos acompanhados de CD; da biografia *Cartola, 90 anos*, lançada pelo SESC-SP em 1998; e organizador, juntamente com J. C. Botezelli (o Pelão), da série *A música brasileira deste século por seus autores e intérpretes*, publicada em seis volumes, também pelo SESC, a partir de 2000. Em julho de 2006, entregou os originais do livro *Inezita Barroso: a história de uma brasileira* para publicação pela Editora 34. Arley Pereira faleceu em 9 de março de 2007, em São Paulo.

ESTE LIVRO FOI COMPOSTO EM SABON
PELA BRACHER & MALTA, COM CTP E
IMPRESSÃO DA EDIÇÕES LOYOLA EM
PAPEL ALTA ALVURA 90 G/M² DA CIA.
SUZANO DE PAPEL E CELULOSE PARA A
EDITORA 34, EM NOVEMBRO DE 2013.